Guía documental para exportar e importar

Los 12 documentos clave

Alberto García Trius

Alberto García Trius

Con la colaboración de:

Índice

El autor

Alberto García Trius (Barcelona, 1968) tiene una experiencia de más de tres décadas en el ámbito del comercio internacional, donde actúa como *import-export manager*, *product manager*, director de consultoría internacional, consultor senior y formador. Ha desarrollado estas actividades para organismos de la Administración española (Península y Canarias), andorrana y portuguesa (Icex, Ipex, Proexca, Extenda y Aicep, entre otros), para cámaras de comercio, escuelas de negocios, organizaciones empresariales, entidades financieras y universidades (Escuela de Administración de Empresas [EAE], Universitat Autònoma de Barcelona [UAB], Foment del Treball, Universidad Abad Oliva - ILI, Euncet University, Esci Pompeu Fabra o Universidad Peruana de Ciencias Aplicadas [UPC]), y como socio-fundador y director ejecutivo (CEO) de APPSESOR.

Introducción

Esta guía presenta los 12 documentos clave para desarrollar cualquier operación de comercio internacional que comporte la importación o exportación de mercancías. Estas operaciones de compraventa se pueden diferenciar según se realicen en el marco de los países que integran la Unión Europea (UE) o con terceros países.

Como se muestra en el esquema 1, existe una diferencia significativa en los procesos documentales de uno u otro tipo de operación. En el caso de la UE, esta diferencia viene determinada por la inexistencia de trámites aduaneros en las operaciones intracomunitarias, derivados de la aplicación de los acuerdos Schengen.

Los documentos que se analizan en este libro, representados en los dos esquemas de dicha figura, se pueden agrupar en tres ámbitos: los que se generan por iniciativa de la empresa exportadora, los que se confeccionan por un representante aduanero u operador económico autorizado (OEA) y que tienen como finalidad la tramitación aduanera, y los que se relacionan con la operativa del transporte.

Asimismo, estos esquemas describen la secuencia temporal en la que se confeccionan o se emplean los documentos siguiendo un estándar operacional, aunque no obligatorio. Como se verá en el análisis de cada documento, la elaboración o utilización de algunos de ellos se puede solapar o avanzar según el criterio comercial de la empresa exportadora o las necesidades que requiera la empresa importadora.

Conviene subrayar que entre los distintos documentos se debe establecer un orden que facilite la actuación de las partes y los agentes que intervienen en las operaciones de compraventa internacional de mercancías. La lógica de esta ordenación favorecerá el seguimiento del proceso documental y la correcta cumplimentación e identificación de cada documento. Desde esta visión se ha planteado la secuencia en que aparecen los documentos en esta guía, pues debe tenerse en cuenta que, entre las diferentes fases (empresa exportadora, aduanas y transporte), no pueden generarse algunos documentos sin la existencia de otros anteriores.

Documentos en operaciones con terceros países

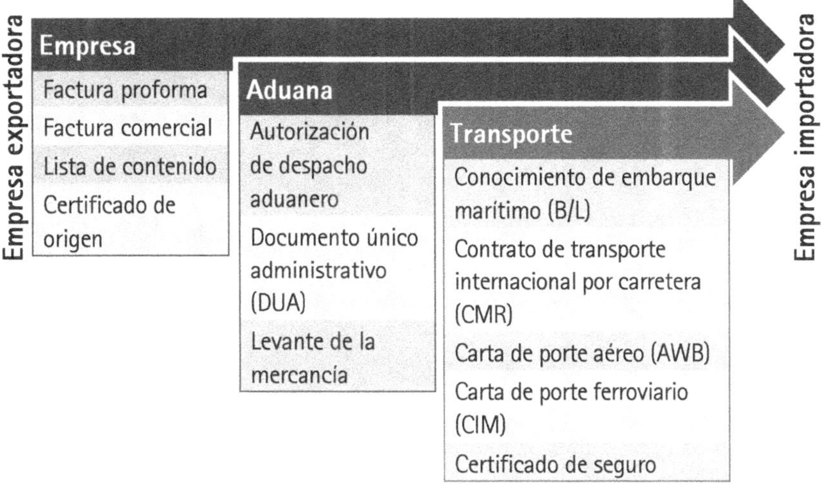

Documentos en operaciones en la Unión Europea

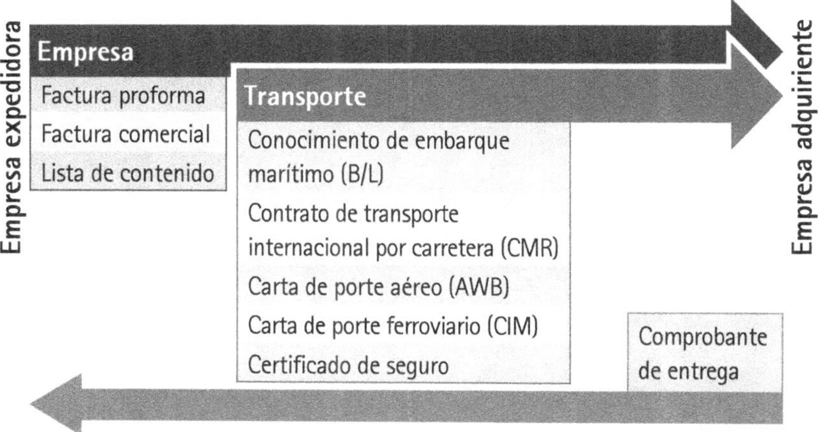

Esquema 1. Secuencia y ámbitos en los que se generan o validan los doce documentos clave en el comercio internacional.

1 Factura proforma

Aunque no es obligatorio emitir este modelo de borrador o propuesta de factura en todas las operaciones de compraventa internacional, es un documento que se emplea habitualmente en las transacciones con terceros países, debido a la necesidad de expresar con antelación por escrito los detalles de una operación ante la empresa importadora. Es imprescindible que en él se haga constar la expresión «proforma».

Se trata de un documento que contiene los pormenores que se proponen como contractuales para la transacción. Puede tener un carácter únicamente informativo, si no está firmado por la empresa exportadora, pero adquiere el carácter legal de un documento de compromiso contractual, del que pueden derivarse reclamaciones vinculantes cuando está firmado por ambas partes. Esta implicación legal conlleva la necesidad de que dicho documento sea firmado únicamente por representantes legales de la empresa.

Algunas empresas, debido a la tipología de sus productos o a las características de su ámbito de actuación, pueden haber formalizado documentos contractuales anteriores con detalles de los productos, y haberlos firmado como compromiso de compraventa, garantía, calidad, etc. La posible existencia de esta documentación no contradice la utilidad de la factura proforma, dado que esta puede usarse para funciones específicas en el marco general de la contratación, permite diferenciar las entregas o los movimientos que se realicen después de la firma del contrato, o incluso podría modificar algunos detalles particulares, de acuerdo con el interés de ambas partes. La factura proforma puede particularizarse y emitirse con condiciones no pactadas inicialmente, sin ser contraria a lo ya firmado, en cuyo caso se trataría de una ampliación contractual para el momento que cubre.

La vinculación legal que se establece mediante la factura proforma se pone de manifiesto por los usos generales que hacen las partes contratantes. Para la empresa exportadora supone una forma contractual aceptada por el cliente que puede facilitar la recepción de pagos adelantados, mientras que para la importadora puede ser la base para iniciar tramitaciones bancarias como el crédito documentario, por ejemplo, al presentarse como expresión del acuerdo o contrato establecido con la empresa exportadora.

Si la factura proforma se concibe con el objetivo de utilizarla en un crédito documentario, es importante que la información que aporte sea precisa y ayude a la confección del crédito, y que también sea útil a modo de borrador, que evitará costes adicionales en la emisión de la fórmula bancaria a ambas partes.

PROFORMA INVOICE

13

REF: 0000000   00/00/0000   Validity date: 00/00/0000

SALES   BUYER

Company Name: Company Name:

Address: Address:

VAT Number: VAT Number:

Phone: Email: Phone: Email:

Contact, Mr./Ms.:   Contact, Mr./Ms.:

Code	Description	HS code	Quantity	Unit Price	Amount
Ref_00	Model description	0000.00.00.00	00	0,00.-€	0,00.-€

TOTAL AMOUNT   0,00.-€

Delivery address and other details:

Buyer's address, warehouse, contact, etc.

Delivery details:	
Incoterm:	Shipping Date:
Gross Weight:	Net Weight:
Shipping by:	

Signed and stamped by:

SALES: BUYER:

Figura 1. Modelo de factura proforma.

Por el compromiso contractual que supone, es conveniente que la empresa exportadora espere a la recepción del original firmado por la importadora para dar inicio a la producción pactada, ya que este documento proporciona una prueba fehaciente del interés real de esta última.

La factura proforma es modificable, se puede editar tantas veces como sea preciso sin perder su funcionalidad, y es habitual que se edite repetidas veces hasta que ambas partes lleguen a un acuerdo y la firmen.

Contenido de la factura proforma

Como es la base documental de la operación comercial, la factura proforma debe contener con el mayor detalle posible las condiciones contractuales establecidas

crédito documentario

Forma de pago garantizada en una compraventa internacional de mercancías, mediante la que la empresa importadora ordena a su banco (banco emisor) que proceda al pago de la operación cuando el banco de la exportadora presente la documentación acreditativa del envío de la mercancía en los términos acordados.

entre las partes vendedora y compradora, así como los habituales en el ámbito fiscal, identificativos y logísticos de las empresas implicadas. La veracidad de estos datos reducirá la posibilidad de errores en la operativa que seguirá a la emisión del documento.

La información que como mínimo debe contener es la siguiente:[1]

- Fecha, nombres y datos comerciales de la empresa vendedora y de la compradora, así como sus datos fiscales (a efectos del IVA, en operaciones intracomunitarias).
- Descripción de la mercancía y especificación de la partida arancelaria o código Taric que le corresponda.
- Cantidad de mercancía, especificada en unidades físicas o de medida, indicando si es posible el volumen y el peso totales.
- Precios unitarios, parciales y totales de la mercancía.
- Divisa.
- Forma y condiciones de pago.
- Condiciones de entrega que se hayan acordado, de acuerdo con la versión más reciente de las re-

....

[1] Esta especificación se encuentra detallada en el BOE n.º 2983 de 13 de diciembre de 1985 y en el reglamento CEE 2454/93.

glas Incoterms publicadas por la Cámara de Comercio Internacional (CCI).

- Referencia cruzada de pedido u otros documentos de la operación.
- Lugar de origen de la mercancía y fecha de expedición prevista.
- Medio de transporte.

Como se puede observar, los datos mínimos que debe contener la factura proforma no difieren de los de la factura comercial. Debido a esta similitud, es posible que se llegue a generar alguna confusión entre ambas, a pesar de ser muy distintas en utilidad y vínculos. Para evitarlo, deben emitirse con identificaciones claramente diferenciadas, impidiendo en cualquier caso que llegue a utilizarse un único número identificativo para ambos documentos.

Al tratarse de un documento que puede ser concebido y usado con carácter contractual, para prevenir posibles divergencias es importante definir cuál es su marco legal, así como el arbitraje al que las partes se someten. También este es un factor que lo diferencia de la factura comercial, que es un documento con una finalidad contable y fiscal, que no implica aceptación alguna y que tampoco da fe de que se haya hecho operación alguna.

Como elemento documental de la operación de compraventa internacional, se debe contemplar la posibilidad de que esta se retrasara, razón por la que es importante otorgarle una fecha de caducidad, ya que los precios de los materiales, los costes logísticos o los bancarios pueden variar en el tiempo y requerir una revisión, tanto de las condiciones generales como de los precios y los plazos. Por otro lado, de no contemplar ninguna fecha de caducidad, se podría decir que la validez del documento no tiene límite y que sus condiciones pueden ser reclamadas en un futuro como válidas.

Recuérdese, no obstante, que la implicación legal de la factura proforma no es obligatoria, sino voluntaria, condicionada a la firma de las partes, sin la cual el documento no tendrá más valor que el informativo en la operación.

operador logístico

Empresa de ámbito nacional o internacional cuya oferta de servicios puede abarcar operaciones en cualquier medio de transporte de mercancías, el almacenamiento y la manutención, los servicios auxiliares del transporte, el tránsito, los trámites aduanales, la distribución física, el fraccionamiento de las cargas, el grupaje, la gestión de existencias, la preparación de pedidos, el embalaje y etiquetaje, la organización y gestión de los sistemas de información y de los flujos de mercancías, además de operaciones de carácter administrativo como la facturación, el fletamento y otros servicios de ingeniería logística.

Información de interés para la empresa importadora

La empresa importadora acostumbra a utilizar la factura proforma en los trámites aduaneros, puesto que en algunas aduanas (aunque no todas admiten este documento en la tramitación) se puede presentar para completar una importación. Esto es así porque habitualmente contiene los mismos datos que la factura final, y aunque esta factura se recibiera a posteriori, la proforma permitiría tramitar igualmente la importación. Así, en algunos casos, puede evitar demoras por falta o retraso de algún documento. La factura proforma es muy habitual en los intercambios de muestras en los que el proveedor no va a cobrar ningún importe y la intención es que sean recibidas con prontitud.

Al tratarse de un compromiso contractual de compraventa, también se puede utilizar para instrumentar y justificar pagos o prepagos en los que las entidades bancarias soliciten documentación que respalde la realización de estas liquidaciones, así como los detalles de la operación que se va a realizar o completar.

2 Factura comercial

Es el documento administrativo que contiene la información relativa a la venta realizada por la empresa exportadora y que esta ha de poner a disposición administrativa y fiscal de la empresa importadora. En él se deben reflejar los detalles de la transacción acordada entre ambas partes: descripción de la mercancía, cantidades, importes, etc., de acuerdo con el contrato de compraventa que hayan suscrito. La información mínima[1] que debe incluir la factura comercial es la siguiente:

- Fecha, nombres y datos fiscales de la empresa vendedora y de la compradora.
- Denominación específica y cantidad de mercancía.
- Precio unitario y total de la mercancía en la divisa pactada.
- Forma y condiciones de pago.
- Detalle del origen de la mercancía.

....

[1] Véase BOE, n.º 2983 del 13 de diciembre de 1985 y en el Reglamento CEE 2454/93.

- Condiciones pactadas para la entrega de la mercancía, tomando como referencia la versión más reciente de las reglas Incoterms publicadas por la Cámara de Comercio Internacional (CCI).

Mediante un original de la factura, la empresa exportadora declara ante la autoridad fiscal del país de origen el importe y detalle de los productos que se expiden hacia el país de destino. Por su parte, la empresa

contrato de compraventa internacional de mercancías

Documento comercial que dos o más partes suscriben como expresión formal de un acuerdo de compraventa. Además de describir las partes compradora y vendedora y los intermediarios o agentes que puedan intervenir, así como los bienes objeto de la transacción, se estipulan con detalle los términos del acuerdo, en particular los plazos o períodos de tiempo a que haya lugar, el importe, las condiciones de pago, el lugar y las condiciones de entrega de los bienes (tipo de transporte, embalaje, etc.), las responsabilidades que cada firmante asume, y cualquier otra consideración que deseen expresar sobre la operación. Debe incluir también la regla Incoterms que se haya acordado.

INVOICE

Nº: IN000000   Date: 00/00/0000

SALES   BUYER

Company Name: Company Name:

Address: Address:

VAT Number: VAT Number:

Phone: Email: Phone: Email:

Contact, Mr./Ms.:   Contact, Mr./Ms.:

Code	Description	HS code	Quantity	Unit Price	Amount
Ref_00	Model description	0000.00.00.00	00	0,00.-€	0,00.-€

TOTAL AMOUNT   0,00.-€

Bank Details and payment form: Delivery details:

Bank address, account, contact, etc.   Incoterm: Shipping Date:
                                         Gross Weight: Net Weight:
                                         Shipping by:

Signed and stamped by:

ORIGINAL

Figura 2. Modelo de factura comercial.

importadora, a través de dicho original de la factura declara ante su aduana los productos que pretende introducir en el país, así como su valor para la regularización fiscal que dicha introducción signifique.

La factura comercial, además de reflejar de manera veraz todos los aspectos de la operación de compraventa realizada, debe incluir la información siguiente:

- Números de identificación NIF–IVA y VIES *(VAT Information Exchange System),* a efectos del IVA, de las empresas vendedora y compradora, en operaciones intracomunitarias, y del EORI (registro e identificación de operadores económicos), para operaciones extracomunitarias.

reglas Incoterms

Incoterms es el acrónimo de *International commerce terms.* Son las reglas comerciales fijadas por la Cámara de Comercio Internacional (CCI). En una operación de comercio internacional, expresan las obligaciones y los derechos que aceptan la parte compradora y la vendedora en cuanto a las distintas fases del proceso de transporte elegido y las condiciones acordadas para la entrega de las mercancías. Están constituidas por once modalidades distintas.

- Referencia al pedido o a la factura proforma.
- País de origen de la mercancía.
- Medio de transporte utilizado.

Así, todos los datos que figuran en la factura comercial deben coincidir con los de la operación y, por lo tanto, con los de los otros documentos relacionados con ella, como los de transporte o la lista de contenido, entre otros.

La factura comercial no confiere propiedad alguna sobre la mercancía, salvo que se acompañe del documento justificativo de que la empresa importadora ha realizado el pago del importe total de la factura. Esta acreditación transmitiría la propiedad del producto, pero no necesariamente la responsabilidad sobre el mismo, que está vinculada a la regla Incoterms que se haya acordado para la operación.

La empresa exportadora debe pactar con la importadora la cantidad de originales y copias de la factura comercial que deba expedir. Aunque la legislación no limite la cantidad de originales que se expidan, siempre que no exista diferencia entre ellos, no es recomendable realizar más de los estrictamente necesarios para cumplir con las necesidades aduaneras y administrativas de la empresa compradora. Comúnmente, se emiten un original y dos copias. Asimismo, es conveniente que esta indique cualquier dato adicional que deba figurar en la factura y las particularidades a las que pueda estar sometida para cumplir la normativa y las costumbres del país de destino.

El idioma de emisión puede ser una lengua oficial de los países de origen o destino, o bien se puede utilizar un idioma extranjero, normalmente inglés o francés, según el país de destino. En ciertos países es posible que se exija una traducción al idioma que indique la aduana de importación, realizada por un traductor jurado.

Es aconsejable incluir en la factura la partida arancelaria correspondiente a la mercancía (código Taric o nomenclatura combinada [NC] del Sistema Armonizado de Designación y Codificación de Mercancías

nomenclatura combinada o código Taric

La nomenclatura combinada del Sistema Armonizado (CN-HS, por sus siglas en inglés), también conocida como código Taric, partida o clasificación arancelaria, es la codificación por la que se identifican las mercancías en el sistema aduanero de la Unión Europea.

Esta clasificación sirve para fijar el arancel aduanero correspondiente, así como estructurar por productos las estadísticas del comercio exterior de la UE; tanto a escala intracomunitaria para entregas y adquisiciones, como a escala extracomunitaria para las exportaciones e importaciones.

[Harmonized System Code o *HS Code]),* con la finalidad de agilizar los trámites y la identificación aduaneros, tanto para el despacho de la mercancía por la aduana del país de origen como para su ingreso en el país de destino.

La factura comercial también se puede utilizar como elemento para la declaración e identificación del origen de la mercancía y para las aplicaciones preferenciales o rebajas de derechos arancelarios que dicho origen pueda tener en el país de destino, mediante la inclusión de una leyenda como, por ejemplo: «Certificamos que la mercancía es originaria de ...». Es recomendable incluir siempre dicha declaración, que es válida para algunos países como acreditación de origen, aunque normalmente es necesario disponer de un documento específico para dicho fin, conocido como «certificado de origen».

arancel

Tasa aduanera que la Administración pública puede hacer recaer sobre las importaciones, las exportaciones o el tránsito de una mercancía, así como los impuestos fiscales y disposiciones complementarias relacionadas.

Muestras sin valor comercial

Una factura nunca puede mostrar valores «cero» o negativos, por lo que en el envío de muestras o de abonos sobre mercancías adquiridas se han de utilizar valores estadísticos con la finalidad de que la aduana pueda identificar correctamente el proceso. De lo contrario, la aduana podría hacer su propia interpretación. Normalmente los envíos de muestras, al no tener valor comercial y no superar ciertos importes (que varían según el país), no son sometidos a fiscalización ni se contemplan como ventas por la aduana. Deben ser identificados siempre con las leyendas «Muestras sin valor comercial», «Valor únicamente a efectos estadísticos de aduana», u otras expresiones de significado similar.

valor estadístico

En la Unión Europea, se considera valor estadístico al valor comercial de un producto sin su margen comercial, es decir, el coste de dicho producto más los gastos necesarios para la llegada al punto de entrada o salida de un territorio (el producto más el transporte más el seguro), lo que sería muy próximo a un precio CIF y que gran parte de las aduanas utilizan para el cálculo del valor en aduana.

La factura de abono

Los abonos o devoluciones son una tipificación muy común en el comercio de mercancías interno, pero para movimientos internacionales no existen estos efectos abonables, ya que los importes negativos no serán nunca identificados por una aduana. De ser valorado por la aduana de importación, esta los transmutaría a importes positivos para identificarlos como valor en aduana o bien los sumaría a cualqu er otro importe existente. Así pues, nunca se debe adjuntar en ningún documento un valor negativo.

Información de interés para la empresa exportadora

Diferencia impositiva entre la Unión Europea y terceros países

En las operaciones con terceros países, la factura comercial se utiliza para el despacho de exportación. En cambio, en las operaciones intracomunitarias sirve como declaración de la transacción y exoneración de impuestos con el cumplimiento de las condiciones básicas de las entregas intracomunitarias.

Las facturas a terceros fuera del país fiscal exportador deben cumplir unos requisitos mínimos para que se puedan identificar como operaciones de comercio internacional y, por lo tanto, exoneradas de IVA, de acuerdo con la excepción de impuestos que se recoge en la Ley 37/1992 del Impuesto sobre el Valor Añadido.[2] Estos requisitos son responsabilidad directa de la empresa exportadora y para cumplirlos esta ha de poder acceder a la siguiente documentación, según se trate de:

- **Venta extracomunitaria**
  - Obtener el documento único administrativo (DUA) original y que en él conste la empresa vendedora como exportadora.
  - Disponer del documento de transporte (conocimiento de embarque o documento análogo) que indique la salida efectiva del territorio de la Unión Europea.

terceros países

Expresión referida a aquellos países cuyas fronteras y aduanas es necesario pasar para poder llevar a cabo una compraventa internacional.

....

[2] Artículo 13 del Real Decreto 1624/1992, de 29 de diciembre, Reglamento del Impuesto sobre el Valor Añadido.

- **Venta intracomunitaria**
  - Disponer del documento de transporte que indique la salida efectiva del territorio fiscal en que se encuentra la empresa vendedora y la llegada a destino en otro territorio comunitario, firmado y sellado por la compradora.
  - Verificar que la empresa compradora cumple con los condicionantes del Sistema de Intercambio de Información sobre el IVA o VIES *(VAT Information Exchange System)* o del ROI (registro de operadores intracomunitarios). Esta verificación debe imprimirse y guardar con la factura.

El incumplimiento de alguno de los aspectos anteriores no exonera la factura, por lo que esta deberá emitirse con base imponible. Si es así, la operación queda identificada como si fuera interna y no podrá calificarse de exportación o entrega comunitaria, aunque se facture a una empresa radicada en el extranjero,[3] lo que podría hacer aparecer una inversión del sujeto pasivo: la empresa importadora debe declarar y liquidar a su hacienda el valor de los impuestos que no puede facturarle la exportadora.

....

[3] Justificación de la aplicación de la exención de las exportaciones (artículo 21 de la ley del Impuesto sobre el Valor Añadido).

Aunque inicialmente no es necesario que la factura comercial esté firmada ni sellada, salvo que así lo exija la normativa del país de destino de la mercancía, es aconsejable firmarla y sellarla con la finalidad de establecer una formalidad legal sobre ella, hecho que la convierte en un documento único y evita su copia fraudulenta. La factura solo debe estar firmada por una persona con poderes notariales específicos para dicho fin en la empresa vendedora; cualquier otra firma no será válida y, en caso de producirse alguna incidencia o de verificación aduanera se podría entorpecer o imposibilitar la importación en destino, y llegar a considerarse fraude documentario.

No es aconsejable el envío de originales a través de ningún soporte digital, incluido el fax, ya que en algunos países es posible realizar trámites aduaneros con documentos donde se mencione el término «original» y serán tratados como tales, pudiendo comprometer la entrega de productos sin previo acuerdo. Para comunicar o informar al cliente se deben utilizan copias que, para mayor garantía, deben ser no negociables.

Factura aduanera

La factura aduanera es útil en la tramitación con las aduanas de terceros países o con la propia de salida.

Es la misma factura comercial pero con los detalles y la finalidad de facilitar el trámite de la declaración de exportación ante la aduana, aportando la información de manera estructurada y completa para la correcta identificación de los conceptos (mercancías, importes, etc.) que incluye el documento.

Así pues, es recomendable que las descripciones coincidan con las que aparecen en el código Taric, además de incluir su codificación y, en caso de precisar un mayor detalle, el importe unitario del producto para su valoración aduanera en la regla Incoterms definida por la aduana de destino (las aduanas utilizan los precios FOB o CIF como valor de aduana).

Factura de abono

Se debe considerar que, en caso de que se produzca una devolución parcial o total de mercancías, la empresa exportadora deberá recibir una factura positiva de cargo emitida por su cliente, y que la compensación entre la factura de venta y la de compra (con motivo de la devolución) dará como resultado el valor que deberá pagar el cliente.

Información de interés para la empresa importadora

Diferencia impositiva entre la Unión Europea y terceros países

En las operaciones con terceros países, la factura comercial se utiliza para el despacho de importación. En cambio, en las operaciones intracomunitarias sirve como declaración de la transacción y exoneración de impuestos

precio CIF aduana

El precio CIF *(cost Insurance and freight* o costo, seguro y flete) aduana se relaciona con el valor de las mercancías situadas en la aduana de destino antes de iniciar el trámite aduanero, por lo que todos los gastos que se hayan producido (coste del producto, más el seguro y el transporte hasta su llegada a destino) son contemplados como la base para el cálculo de los aranceles y la aplicación de impuestos. La aduana utiliza este valor para identificar los gastos que contemplará como estándares.

cumpliendo con las condiciones básicas en la liquidación de impuestos al comprador.

Las facturas de terceros fuera del país fiscal deben cumplir unos requisitos mínimos para que se puedan identificar como operaciones de compraventa internacional exoneradas de IVA de acuerdo con la excepción de impuestos que se recoge en la Ley 37/1992 del Impuesto sobre el Valor Añadido.[4] Estos requisitos son responsabilidad directa de a empresa importadora y para cumplirlos ha de tener acceso a la siguiente documentación:

- **Compra extracomunitaria**
  - Obtener el DUA original donde conste la empresa compradora como importadora.
  - Disponer del documento de transporte (conocimiento de embarque o documento análogo) que indique la entrada efectiva en el territorio de la Unión Europea.

- **Compra intracomunitaria**
  - Disponer del documento de transporte que indique la salida efectiva del territorio fiscal en que se encuentra la empresa exportadora.

....

[4] Artículo 13 del Real Decreto 1624/1992, de 29 de diciembre, Reglamento del Impuesto sobre el Valor Añadido.

– Verificar que la empresa exportadora cumple con los condicionantes del Sistema de Intercambio de Información sobre el IVA o VIES *(VAT Information Exchange System)* o del ROI (registro de operadores intracomunitarios).

El incumplimiento de alguno de los aspectos anteriores no exonera la factura, por lo que esta debería haberse emitido con base imponible. Si es así, la operación queda identificada como si fuera interna y no podrá calificarse de importación o adquisición comunitaria, aunque la factura provenga de una empresa

valor de aduana

Las aduanas calculan la base de sus aranceles e impuestos sobre un valor de la transacción que no coincide necesariamente con el que la documentación indica. El más común es el precio CIF de la mercancía, aunque algunas aduanas toman el precio FOB para el cálculo de los aranceles y aplican el CIF para los impuestos. Esta concordancia de criterios permite conocer de antemano los costes adicionales que supondrá la entrada de la mercancía al país de destino, siempre que estos dos valores puedan identificarse y que a criterio de la aduana de destino sean aceptables para la transacción.

radicada en el extranjero,[5] lo que podría hacer aparecer una inversión del sujeto pasivo: la empresa importadora debe declarar y liquidar a su hacienda el valor de los impuestos que no puede facturarle la exportadora.

La factura comercial de compras a terceros países debe solicitarse firmada y sellada, con la finalidad de establecer una formalidad legal sobre ella, hecho que la convierte en un documento único y evita su copia fraudulenta. La factura solo debe estar firmada por una persona con poderes notariales específicos para dicho fin en la empresa vendedora; cualquier otra firma no será válida y, en caso de producirse alguna incidencia o de verificación aduanera se podría entorpecer o imposibilitar la importación.

Muestras sin valor comercial

A pesar de que esta identificación indique que la mercancía no tiene valor comercial, la aduana puede considerar aplicable una regularización y someter la tramitación aduanera a costes impositivos y de derechos arancelarios. La empresa importadora debe recordar que por más que el vendedor entregue sin coste

----

[5] Justificación de la aplicación de la exención de las exportaciones (artículo 21 de la ley del Impuesto sobre el Valor Añadido).

el producto de muestra, al acceder a un mercado, las restricciones aduaneras en el país de destino pueden dar como resultado la aplicación de impuestos sobre el valor que se indica para el producto, que el comprador habrá de pagar antes de retirar el mismo.

La factura de abono (devolución)

Se debe considerar que, en caso de una devolución, la empresa importadora debe emitir una factura positiva de cargo que remitirá a la proveedora, y que la compensación entre la factura de compra y la de venta (con motivo de la devolución) dará como resultado el valor que deberá pagar la que actúa como cliente.

La empresa importadora ha de tener en cuenta que se apliquen en la factura comercial descuentos adicionales o *rappels*, pues la aduana omitirá dichos conceptos y los considerará como descuentos comerciales obtenidos de manera adicional al valor de la mercancía, y no serán contemplados en la tramitación, empleando el precio original del producto. Ante esta posibilidad, lo más habitual es que en las facturas se indiquen los precios netos, es decir una vez realizado el descuento comercial que se haya establecido para la compraventa, de manera que aparezca un único precio para cada producto y se eviten malentendidos en la valoración de la aduana.

3 Lista de contenido

La confección de la lista de contenido *(packing list)* es importante para todas las partes que intervienen en el proceso de compraventa internacional. En primer lugar, para la empresa exportadora, pues le permite identificar el contenido que ha preparado para remitir a su cliente e incluso repasar físicamente que no se hayan producido errores al formar el pedido como unidad de carga para el transporte.

Por su parte, la empresa importadora también tiene un interés objetivo en este documento ya que, como receptora de la mercancía, le facilita la localización y verificación de los productos que le han sido remitidos por la proveedora.

La tercera figura interesada es la aduana, tanto si es de salida como de llegada, pues en el caso de que el canal aduanero que recaiga sobre la mercancía exija su verificación física, este será el documento que será utilizado como guía para facilitar, verificar y controlar el detalle de la misma en dicha operación.

Este documento contiene la información que especifica las cantidades y la ubicación de las mercancías contenidas en los bultos, las cajas, los palés o los contenedores. Es muy conveniente que la lista de contenido incluya referencias explícitas a otros documentos —número de pedido o de factura, por ejemplo—, con el fin de facilitar el reconocimiento de su vinculación con una determinada operación, y su función de puente entre los elementos físicos y los documentales.

Su uso tiene suma importancia en la cadena logística de la empresa importadora. Por un lado, define para su almacén en qué cantidades y dónde se encuentran los materiales dentro de la partida recibida y, por otro, sirve para revisar la mercancía y detectar posibles faltas, excesos, averías o defectos en la misma.

No hay estipulado ningún formato concreto en la confección de la lista de contenido, y su formulación puede variar de acuerdo con las características del propio producto, de las particularidades requeridas por la empresa importadora o de las necesidades e

cadena logística

Proceso de planificación, gestión y control de los flujos de materiales y productos, informaciones y servicios relacionados con dicho proceso. Distingue los subprocesos de aprovisionamiento, producción, distribución y de logística inversa, e incluye los movimientos internos y externos, así como las operaciones de importación y exportación.

PACKING LIST

Ref: PL000000   Order Nº: 0000/00   Date: 00/00/0000

SHIPPER   CONSIGNEE

Company Name: Company Name:

Shipping Address: Delivery Address:

Phone: Email: Phone: Email:

Contact, Mr./Ms.:   Contact, Mr./Ms.:

Code	Description	HS code	QTY	Net Weight	Gross Weight	CBM	Pallet Nº
Ref.00	Model description	0000.00.00.00	00	0,00kg	0,00kg	0,00 m3	0

Shipping by: Air / Truck / Vessel / Train / Courier

Tracking number:
LCL/FCL/ULD nº:
Document transport Nº/Ref:
Warehouse Address, contact, etc.
Other shipping details

Signed and stamped by:

Delivery details:

Incoterm: Shipping Date:

Total Gross Weight:
Total Net Weight:
Goods from INVOICE nº:

ORIGINAL

Figura 3. Modelo de lista de contenido.

indicaciones de los organismos que vayan a hacer uso del documento. No obstante, de manera generalizada, es recomendable incluir al menos la información siguiente:

- Fecha, denominación y domicilio de las empresas vendedora y compradora.
- Correlación con otros documentos como la factura, el contrato de compraventa, la oferta o la orden de compra.
- Cantidad, denominación precisa y tipo de embalaje de la mercancía, con identificación de marcas y modelos.
- Peso neto, bruto y volumen de la mercancía.
- Numeración u otras marcaciones del embalaje y del contenido de cada uno de ellos.
- Indicación del código aduanero que corresponda.
- Información precisa respecto al transporte y el detalle de los puntos de expedición y de entrega.

peso neto

Cantidad de producto que se transporta una vez deducida la tara, es decir, restando al peso bruto el de los envases y embalajes.

Respecto a la inclusión del código aduanero, es posible que sea necesario añadir a su detalle complicados despieces que permitan una identificación individual de la mercancía, debido a que la aduana de destino no puede identificar las mercancías de manera genérica.

Lista de contenido y lista de pesos

Las listas de contenido incluyen habitualmente la lista de pesos *(weight list)*. Los sistemas informáticos empleados para su confección unifican la información de ambas relaciones en un mismo documento y lo identifican como una única lista de contenido, generando así una relación de bultos y mercancías con sus detalles de peso y volumen. Ocasionalmente, en alguna zona aduanera de destino se puede solicitar que ambos documentos se emitan por separado. Normalmente, este requerimiento, debido a que aporta una información más amplia, no comporta ningún inconveniente.

peso bruto

Masa total de un determinado producto o conjunto de ellos, incluyendo su embalaje (caja, papel, palé, etc.).

No obstante, si las autoridades aduaneras no requieren explícitamente que se genere una lista de peso individual, lo habitual es expedir únicamente un documento, siempre que en él se detalle toda la información que se solicita, incluyendo cualquiera que sea necesaria respecto a la manipulación o el tratamiento que deba recibir la mercancía.

Información de interés para la empresa importadora

La empresa importadora debe solicitar la lista de contenido en cualquier aprovisionamiento y ha de asegurarse de que refleje con fidelidad lo que este contiene, pues cualquier variación puede ser considerada por la aduana como un intento de engaño y perjudicarle en el trámite aduanero. Téngase en cuenta que la aduana puede penalizar o paralizar un trámite si detecta incorreciones.

Es conveniente que la empresa importadora avise de sus requerimientos a la exportadora con la suficiente antelación, ya que esto facilitará cualquier trámite aduanero.

4 Certificado de origen

Este documento se utiliza para identificar el país de origen de la mercancía que en él se describe. Debe ser gestionado por la empresa exportadora y ofrece a la importadora la posibilidad de identificar ante la aduana de destino el origen de la mercancía que ha adquirido.

La empresa importadora y la exportadora se deben coordinar para organizar de manera óptima la entrada en el país de destino de la mercancía adquirida, por lo que han de tener en cuenta la documentación que la acompaña y comprobar si la mercancía se acoge a un sistema preferencial. En ese caso, la empresa importadora debe dar fe del origen de la mercancía ante la aduana de destino, que aplicará en consecuencia los aranceles correspondientes.

En el comercio internacional se diferencia entre origen y procedencia, considerando que el «origen» se corresponde con el lugar donde las mercancías han sido fabricadas, manufacturadas o transformadas, cumpliendo con las normas internacionales que se aplican en el país donde se producen Mientras que «procedencia» se refiere al lugar desde donde se expiden las mercancías, sin más vínculo con ellas que el logístico, por tránsito o por encontrarse en un determinado país por cualquier motivo, lo que no confiere ni determina el origen de las mismas. No obstante, pueden coincidir el origen y la procedencia de una mercancía.

Dado que es el origen el que resulta imprescindible para determinar el arancel aplicable a una importación, según la aduana de destino o los regímenes preferenciales por acuerdos entre los países desde donde se lleva a cabo la transacción, el procedimiento habitual es que el certificado de origen sea emitido en el país de origen en el momento de la exportación por una cámara de comercio, mediante solicitud de la empresa exportadora.

En caso de pérdida de este documento, la emisión por la cámara de comercio permite solicitar un duplicado en el que figurará, además de la identificación «Duplicado»,

cámara de comercio

Organización de carácter privado formada por personas físicas o jurídicas de sectores empresariales industriales o comerciales que tiene entre sus finalidades elevar la productividad, calidad y competitividad de sus asociados. Para ello, desarrolla actividades de investigación, formativas o promocionales y presta servicios de asesoramiento, consultoría y documentación, entre otras.

1. Expedidor, *Expéditeur*, Consignor المرســـــل 发货人

N.º

ORIGINAL

COMUNIDAD EUROPEA
COMMUNAUTE EUROPEENNE EUROPEAN COMMUNITY
المجموعة الاقتصادية الاوروبية
欧 洲 共 同 体

CERTIFICADO DE ORIGEN
CERTIFICAT D'ORIGINE CERTIFICATE OF ORIGIN
شــهادة المنشــا 原产地证明

2. Destinatario, *Destinataire*, Consignee المرســل اليه 收货人

3. País de origen, *Pays d'origine*, Country of origin بلد المنشا 原产国

4. Informaciones relativas al transporte (Mención facultativa)
Informations relatives au transport (Mention facultative)
Transport details (Optional) مرسلة بواسطة 运输情况

5. Observaciones, *Remarques*, Remarks ملاحظات 注备

6. N° de orden, marcas, numeración, número y naturaleza de los bultos, designación de las mercancías
N° d'ordre, marques, numeros, nombre et nature des colis, désignation des marchandises
Item number, marks, number and kind of packages, description of goods
مواصفات البضاعة : رقم السلسل ،العلامه ،رقم الطرود ،عدد وطبيعة الطرود
序号；商标；号码；包装件数量和性质；商品种类：

7. Cantidad
Quantité
Quantity
الكمية 数量

8. La autoridad que suscribe certifica que las mercancías designadas son originarias del país que figura en la casilla n.º 3
L'autorité soussignée certifie que les manchandises désignées ci-dessus sont originaires du pays figurant dans la case n° 3
The undersigned authority certifies that the goods described above originate in the country shown in box 3
شهد السلطة الموقعة أدناه أن البضائع المذكوره أعلاه مصدرها البلاد المذكوره فى الحقل رقم ٣
签发该证当局证实上述商品原产于第3栏内所注明的国家

Lugar y fecha de expedición, nombre, firma y sello de la autoridad competente
Lieu et date de délivrance, désignation, signature et cachet de l'autorité compétente
Place and date of issue, name, signature and stamp of competent authority
مكان ،وتاريخ وتسمية وتوقيع وختم السلطة المحصه. 发证地点和日期；发证当局的名称，签字和印章

Pelagrat S.A. Jesús del Valle 28 28004 Madrid Depósito Legal M 14823 1995

Figura 4. Modelo de certificado de origen.

la fecha de expedición del certificado original, que permitirá a la aduana de destino comprobar la validez temporal del documento en el momento de su presentación aunque esta sea tardía, produciendo sus efectos a partir de esa fecha y no a partir de la del día en que el duplicado se haya expedido. También puede expedirse a posteriori, lo que evidencia que se ha realizado al margen del proceso documental inicial, ya sea por desconocimiento, descuido o cualquier otra causa. Bajo esta indicación, la aduana de destino puede aceptar el documento o bien pronunciarse en contra, si considera que no se ha cumplido correctamente con el procedimiento aduanero.

Si el certificado de origen se aplica bajo un sistema preferencial, la aduana de destino puede verificar la validez del documento con la administración aduanera del país de origen. El plazo inicial para que dicha administración responda a la solicitud de comprobación es de seis meses. Si transcurrido este plazo no se obtiene contestación, podrá reiterarse la solicitud, y si en un segundo plazo de cuatro meses no se obtiene respuesta, o si esta es contradictoria con lo solicitado, la aduana de destino podrá denegar el beneficio inicial que haya concedido al destinatario de la mercancía y este deberá liquidar la diferencia de derechos no ingresada.

Es recomendable que la emisión del certificado de origen se realice por una cámara de comercio que ofrezca las garantías necesarias para que la aduana de destino acepte sin reparos el documento. A pesar de ello, la certificación puede ser emitida en algunos casos por la empresa exportadora, la cual certifica el origen bajo su propia responsabilidad a través de un documento emitido por ella misma o bien a través de leyendas inscritas en facturas, siempre firmadas y selladas. Es aconsejable que la empresa exportadora incluya estas leyendas en todas las expediciones siempre que tenga conocimiento del origen u orígenes de las mercancías, pues son indicaciones que pueden complementar o sustituir en momentos puntuales al certificado de origen en una aduana de importación. Esto puede ocurrir, especialmente, por la aplicación de acuerdos preferenciales, en el caso de importes económicos bajos o de muestras. En estas situaciones, las aduanas de salida

certificado EUR (EUR1 o EUR-MED)

Certificado de circulación de mercancías expedido en el momento de la exportación por una autoridad aduanera de la UE que acredita el origen preferencial de las mercancías ante las autoridades aduaneras del país importador. Este documento constituye un título justificativo en los intercambios preferenciales con países, grupos de países o territorios con los que la UE mantiene un régimen arancelario preferencial o sistema de preferencias generalizadas.

no habilitan documentos preferenciales para su utilización, aunque son de aplicación cuando la mercancía no supera los 6.000 € en operaciones comerciales que utilicen la regla Incoterms EXW *(ex works)*, lo que imposibilita obtener los certificados de circulación EUR1, ATR o EUR-MED que acreditan, en la UE, un régimen preferencial. En este caso es posible que la empresa importadora debiera abonar al completo los aranceles de la mercancía.

Declaración de la empresa exportadora

El certificado de origen debe contener todas las indicaciones necesarias para la correcta descripción e identificación de las mercancías en cuestión (número, naturaleza y descripción de la mercancía, marcas o numeración de los bultos y peso bruto y neto, nombre del expedidor, etc.). Si este certificado no es fácilmente interpretable o algún detalle es dudoso, puede comportar problemas o sanciones tanto a la empresa exportadora, declarante en origen, como a la importadora, que lo presenta en destino, quedando el organismo que lo haya emitido siempre exento de responsabilidad.

El plazo de validez para realizar las operaciones pertinentes desde su expedición es de cinco meses. Si se supera este plazo, el documento ya no será válido y su presentación en la aduana de destino será rechazada.

Una identificación errónea del origen de la mercancía puede crear confusión respecto a las cualidades de las materias o los elementos que se introducen en un proceso productivo. Esto puede hacer variar las especificaciones sobre el orígen de productos industriales finales y afectar incluso a su aceptación por el público destinatario. Por este motivo, se utilizan fórmulas de garantía de origen interno entre empresas proveedoras y compradoras, como la «declaración del proveedor a largo plazo» *(long term supplier's declaration)*. Este documento comporta un compromiso de declaración sobre las partidas arancelarias que en él se designen, es decir, la empresa proveedora certifica que todas ellas cumplen con las estipulaciones de origen y regímenes preferenciales que exige su posible uso en manufacturas, sin variar ni afectar el origen que la compradora desea dar a sus productos. La proveedora se compromete, bajo su propia responsabilidad, a poner en conocimiento de la compradora cualquier cambio que realice en sus suministros.

El certificado de origen no es obligatorio ni sustituye a un posible documento adaptado a la aplicación de regímenes preferenciales, por lo que únicamente identifica el origen de la mercancía. La aduana de destino puede aceptar o no su validez para la aplicación de los aranceles correspondientes, según se especifiquen o la aduana considere. A pesar de ello, es recomendable adjuntar siempre el certificado de origen, pues existen muchas probabilidades de que sea utilizado, y puede ser útil y evitar demoras durante la tramitación aduanera en destino. Esto comportará una correcta identificación del producto según la clasificación que se haya establecido en el país de origen.

De interés para la empresa exportadora

El uso del certificado de origen queda restringido a la comercialización de productos con países extracomunitarios, ya que en el ámbito de la UE no se origina trámite aduanero.

Certificado de circulación

Se trata de un documento destinado a facilitar la aplicación de regímenes preferenciales. Está relacionado con el certificado de origen, si bien se diferencia en su

certificado de circulación ATR-1

Documento justificativo que visa la autoridad aduanera del estado de exportación de la UE para el comercio recíproco con Turquía, con el fin de que el importador pueda beneficiarse de un régimen arancelario preferencial.

utilización del primero y no lo emite el mismo organismo. Mientras que el certificado de origen, como hemos visto, lo emite habitualmente una cámara de comercio, el certificado de circulación es tramitado a través de un representante aduanero y validado (con firma y sello) por la aduana de origen. A pesar de ello, la información de uno y otro documento puede ser idéntica, por lo que en realidad esta puede llegar a transmitirse del certificado de origen al de circulación.

Otra particularidad de este certificado es que se tramita para las mercancías en tránsito dentro de la UE, y cuando su uso se destina al sistema preferencial la mercancía debe encontrarse físicamente en la aduana de salida para que sea validado por la misma. Si se descubre la necesidad del certificado de circulación tras la expedición de la mercancía, generalmente ya no se puede emitir y esta no disfrutará a su llegada a destino del régimen preferencial que le pudiera corresponder. Conviene considerar este aspecto para evitar imprevistos en el momento de la llegada de la mercancía.

Estos certificados se han constituido como títulos justificativos para la aplicación de regímenes arancelarios preferenciales, utilizados en el comercio con los países mediterráneos, los países del este de Europa, los países de la Asociación Europea de Libre Cambio (AELC), los Estados de África, del Caribe y del Pacífico (ACP), así como para las mercancías originarias de países y territorios de ultramar (PTU) o para aquellos con los que la UE ha suscrito acuerdos bilaterales preferenciales (Sudáfrica, México y Chile).

Los certificados de circulación únicamente están disponibles para mercancías originarias de la UE. Su emisión para otros orígenes es incorrecta y, de producirse, la aduana puede sancionar tanto a la empresa exportadora como a la importadora.

De interés para la empresa importadora

Una de las fórmulas preferenciales más común en la importación es la que se acoge al Sistema de Preferencias Generalizadas (SPG). El SPG es un acuerdo comercial autónomo a través del cual la UE proporciona un acceso preferencial al mercado comunitario de productos originados en países y territorios en desarrollo sin exigir contrapartida del país beneficiado. Estos países son eximidos total o parcialmente de los derechos

Sistema de Preferencias Generalizadas (SPG)

Sistema vigente en la UE mediante el que se ofrecen aranceles más bajos o un acceso en franquicia de derechos al mercado europeo a las importaciones procedentes de países y territorios en desarrollo.

arancelarios. Actualmente se aplica el nuevo reglamento asignado el 31 de octubre de 2012, que está en activo desde el 1 de enero del 2014, e incluye únicamente a 89 países de los 176 iniciales considerados en el reglamento UE 732/2008. El reglamento SPG excluye a los países que tengan un acuerdo bilateral con la UE, es decir, aquellos que participen de un acuerdo de libre comercio (ALC), en vigor o provisional, o aquellos con preferencias autónomas, siempre y cuando estas sean igual o mayores que las preferencias que ofrece el SPG.

Para la importación en la UE de productos originarios de países acogidos al SPG, la empresa importadora debe solicitar a la exportadora un certificado de origen modelo A (FORM A), sin el cual la importación no aplicaría los regímenes preferenciales aunque se acompañara de un certificado de origen en formato estándar, y se actuaría sobre la mercancía con los aranceles correspondientes. La emisión del certificado de origen FORMA no comporta dificultades adicionales para la empresa exportadora, únicamente ha de solicitar dicho modelo y será tramitado en la misma cámara de comercio.

5 Autorización de despacho aduanero

Los trámites o despachos aduaneros se realizan mayoritariamente a través de terceras personas autorizadas que los presentan en nombre de la empresa exportadora, de la importadora o en representación de otros. Estas personas son conocidas como representantes aduaneros u operadores económicos autorizados (CEA), que pueden representar a empresas o a particulares ante la aduana para realizar los trámites de exportación, importación o cualquier otro tipo de gestión aduanera. Para realizar su actividad requieren de una autorización de la empresa que actúa como declarante ante la aduana, formalizada por escrito o en línea, que les permita representarla ante la administración aduanera.

En el año 2015, en España, la Dirección General de la Agencia Estatal de Administración Tributaria estableció, en virtud de lo señalado por el Código Aduanero Comunitario, que cualquier persona puede hacerse representar ante las autoridades aduaneras para la realización de formalidades.[1]

....

[1] Véase el BOE de 17 de marzo de 2015 y el artículo 5 del Reglamento (CEE) n.º 2913/92 del Consejo, de 12 de octubre de 1992, por el que se aprueba el Código Aduanero Comunitario.

La representación del declarante por un tercero puede ser directa, cuando el representante actúa en nombre y por cuenta ajena, o indirecta, si actúa en nombre propio y por cuenta ajena. Es necesario que el representante declare que actúa por cuenta de la persona representada, que precise en qué modalidad actúa y que posea el documento que acredite el poder de representación.

En relación con el registro y la gestión de las autorizaciones de despacho aduanero, los representantes pueden presentar declaraciones por cuenta de terceros a través de internet y, en este caso, no es necesario incorporar al registro las autorizaciones de las operaciones individuales.

Las autorizaciones de despacho solo pueden otorgarse a personas inscritas en el Registro de Representantes Aduaneros de la Agencia Estatal de Administración Tributaria.[2]

Las autorizaciones se pueden otorgar mediante presentación del mismo otorgante, mediante su representante, por documento público o privado con firma notarial, o bien a través de internet mediante los sistemas de autentificación con firma digital. Las autorizaciones otorgadas a los despachantes se pueden revocar de la misma manera.

---

[2] Establecido por Orden HAP/308/2013, de 26 de febrero.

AUTORIZACIÓN DE DESPACHO Y REPRESENTACIÓN

Dependencia Provincial de Aduanas
La presente autorización se establece con carácter general ante esa o cualquier otra Administración de Aduanas y surtirá sus efectos en tanto no sea revocada

Nº de Registro:

EMPRESA: (1)
Nº de Identificación Fiscal:
Domicilio Fiscal:

El que suscribe, D.   Con D.N.I   en su condición de
(2)   de la Empresa citada, ante esa Administración de Aduanas, comparece y,

MANIFIESTA:

Que de acuerdo con lo establecido en el Art. 5 del Código Aduanero (Reglamento CEE 2913/92, Art. 46 de la Ley General Tributaria (Ley 58/2003) Arts. 8 y 16 de la O.M. 11838 de 9 de Junio de 2000 (BOE 24) y el Art. 45 de las Ordenanzas de Aduanas, por el presente documento otorga poder de representación tan amplio como
en derecho sea necesario, para que la firma

le represente ostentando la modalidad de la representación **INDIRECTA**, para la presentación y tramitación de toda clase de documentos, actos y formalidades en los que intervenga por nuestra cuenta y la realización de todas nuestras operaciones aduaneras que hayan de efectuarse ante esa Administración, incluida la representación, a todos los efectos, en los expedientes sancionadores que pudieran incoarse, cualquiera que sea el régimen comercial y aduanero que en cada caso resulte procedente, hasta la total finalización de los correspondientes expedientes administrativos, incluso, iniciando o continuando las posibles reclamaciones por disconformidad en la clasificación arancelaria, liquidación de derechos o impuestos, nuevas liquidaciones, o cobros de las cantidades ingresadas indebidamente por cualquier concepto.

De conformidad con lo establecido en el Art. 199 del Reglamento CE 2454/93, nos subrogamos en los compromisos que de dicha representación se deriven respecto a la exactitud de las indicaciones, la autenticidad y veracidad de los documentos e informaciones al Agente y el cumplimiento de las obligaciones que de ello pudieran derivarse.

Asimismo, a los efectos de lo previsto en el R.D. 296/1998 de 27 de Febrero, y de la Ley 9/1998 de 21 de Abril, declaramos formalmente que esta empresa, en su condición de sujeto pasivo, tiene derecho a la deducción total del Impuesto de Valor Añadido, que grava la importación.(3)

La presente autorización se establece con carácter general y surtirá sus efectos en tanto no sea revocada.

En   a   de   del

Firma y sello del demandante:	Reconocimiento Bancario de Firma:
Con la firma del presente el autorizado acepta la representación conferida y responde de la autentificación de la firma del otorgante :	

(1) Identificación del mandante
(2) Titular, Gerente, Administrador, etc.
(3) Se incluirá este párrafo solamente cuando tenga derecho a la deducción total del IVA.

Figura 5. Modelo de autorización de despacho aduanero.

Se ha de tener en cuenta que esta autorización no exime de la responsabilidad sobre el trámite que se realice, siendo el solicitante el imputado directo y el representante aduanero o el OEA el responsable subsidiario de la presentación; por lo que si el solicitante entrega documentos en falsedad o engaña deliberadamente será el responsable de ello.

6 Documento único administrativo (DUA)

Este documento es necesario para cumplir las formalidades aduaneras requeridas en las operaciones de compraventa de mercancías. También sirve como base para la declaración tributaria y constituye un valioso soporte de información. Consta de nueve ejemplares numerados, ocho de uso común en la UE y el suplemento nacional autorizado por la reglamentación comunitaria. Se presentan en legajos o series que incluyen los ejemplares necesarios para el cumplimiento de las formalidades relativas a una o

EDI

Siglas de *electronic data interchange* o «intercambio electrónico de datos». Sistema de transferencia de datos que utiliza medios electrónicos mediante protocolos preestablecidos, formando conjuntos de mensajes, entre organizaciones u organismos de una misma cadena de suministro o entre unidades físicamente separadas de una misma organización.

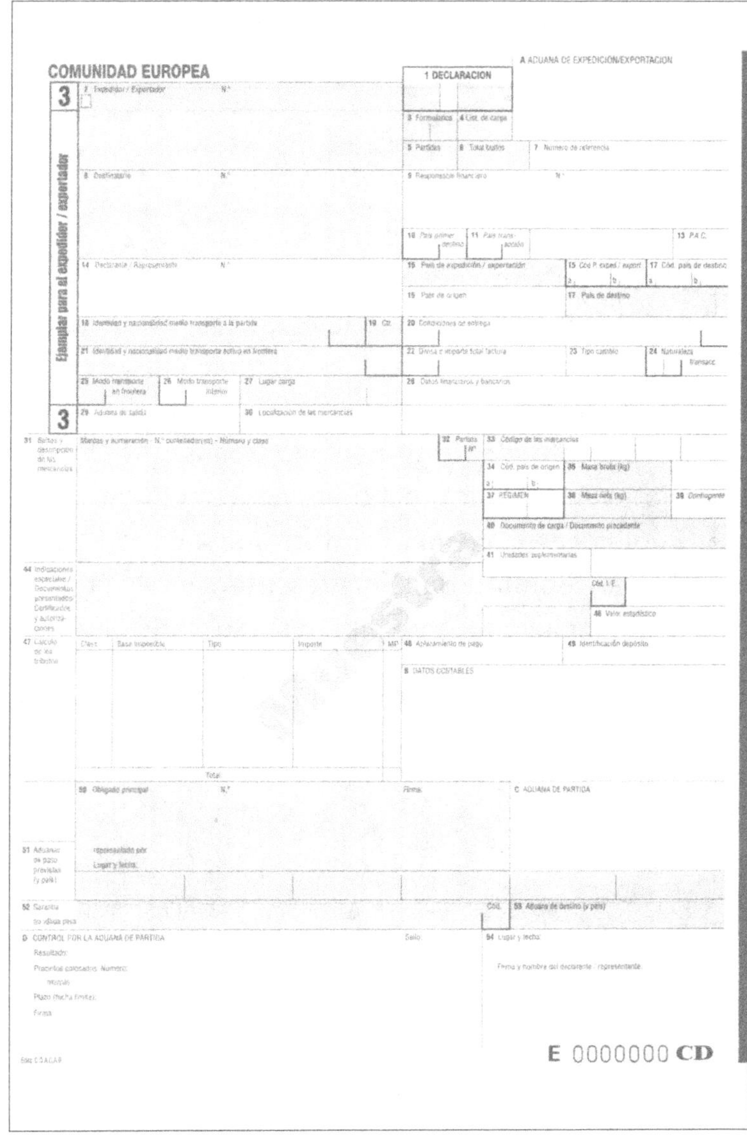

Figura 6.1. Ejemplar número 3 del documento único administrativo (DUA) que utiliza la empresa expedidora.

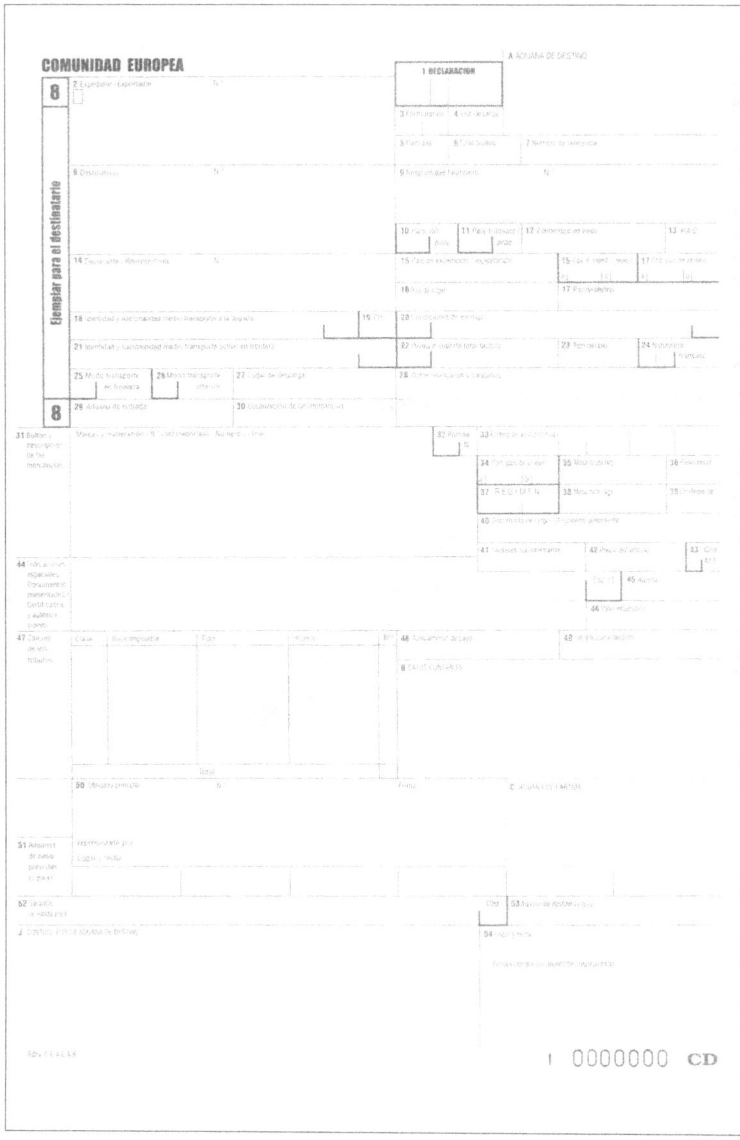

Figura 6.2. Ejemplar número 8 del documento único administrativo (DUA) que utiliza la empresa destinataria.

varias fases sucesivas de la operación de intercambio de mercancías (importación, importación vía EDI, exportación, exportación vía EDI, exportación y tránsito o tránsito).

Cada ejemplar del DUA tiene una finalidad específica. Unos ejemplares se aplican únicamente al proceso de exportación, otros al de importación y el noveno se aplica a ambos, con algunas particularidades específicas (véase la tabla 1).

Los DUA de exportación y de importación se corresponden con los ejemplares números 3 y 8, respectivamente, y son emitidos a través de un representante aduanero o de un operador económico autorizado (OEA). Tanto la empresa exportadora como la importadora declaran en este documento toda la información necesaria para el cumplimiento de las

operador económico autorizado (OEA)

Figura profesional desarrollada por el Código Aduanero Comunitario de la UE, provista de una certificación que le autoriza a efectuar actividades reguladas por la legislación aduanera. Existen tres posibles certificaciones:

– OEA Simplificaciones aduaneras.
– OEA Seguridad y protección.
– OEA Simplificaciones y seguridad.

Ejemplar	Utilización de los ejemplares del DUA	
	En la exportación	En la importación
1	Para la aduana de exportación	
2	Para la elaboración de estadísticas de comercio exterior por parte de la Administración	
3	Para la empresa exportadora, que podrá utilizarlo como justificante de la exportación a efectos de IVA e impuestos especiales, cuando así lo establezcan las disposiciones administrativas	
4	Se debe presentar cuando es necesario justificar el caracter comunitario de las mercancías mediante el documento T2L (de acompañamiento a la exportación) ante la aduana de destino, dentro de la UE)	
5	Este ejemplar se usa únicamente para el régimen de tránsito y debe ser devuelto por la aduana de salida del territorio comunitario a la aduana de partida.	
6		Para la aduana de importación
7		Para la elaboración de estadística de comercio exterior por parte de la Administración
8		Para la empresa importadora, que podrá utilizarlo como justificante de la importación
9	Se utilizará como autorización de embarque, de salida o de levante de la mercancía	Será empleado para autorizar el levante de las mercancías

Tabla 1. Uso de los ejemplares del documento único administrativo (DUA).

formalidades aduaneras requeridas en las operaciones de intercambio y de compraventa internacional de mercancías. Asimismo, avala la declaración tributaria en la hacienda correspondiente, ya que identifica el saldo de mercancías e importes exonerados de impuestos, en aplicación de la Ley 37/1992 del Impuesto sobre el Valor Añadido, en el caso de los procesos de exportación, y de las mercancías que acceden al país en el caso de las importaciones.

Esta declaración documental es vinculante y resulta de gran importancia respecto a la fiscalidad de las empresas exportadora e importadora, ya que identifica una salida de mercancías de su propiedad del territorio fiscal y de la UE con destino a un tercer país, o una entrada proveniente de un tercer país en el caso de la importación.

Aunque el DUA se emite a través de una tercera persona, las empresas exportadora o importadora son las responsables directas de su veracidad y contenido. Esto implica que la emisión del documento con errores repercutiría directamente sobre ellas como declarantes. Por este motivo, es necesario hacer una revisión cuidadosa de toda la información contenida en el documento, pues proporciona fiscalmente a la empresa exportadora la posibilidad de emitir una factura sin aplicar impuestos, y a la importadora la de acogerse a unos beneficios fiscales sobre los aranceles, siempre que se ajusten a la declaración identificada en el DUA de exportación o en el de destino.

Cuando el representante aduanero o el OEA realizan el DUA de exportación o de importación, lo validan como declaración definitiva por lo que una vez emitido no es posible modificarlo. En el caso de producirse errores en la declaración, se debe solicitar al agente que lo emitió que notifique el error y la rectificación correspondiente a la aduana lo antes posible, ya que si fuera este organismo quien lo detectara podría interpretarlo como una presentación incorrecta y penalizar su tramitación. En este sentido, es siempre conveniente que las empresas declarantes verifiquen el contenido del DUA en todos sus campos antes de su presentación a la aduana por el representante aduanero o el OEA. Si ello no ha sido posible, se debe reclamar el documento al representante lo antes posible para poder verificarlo.

despacho de aduanas

Conjunto de tramitaciones y operaciones logísticas que deben realizarse sobre las mercancías en un recinto aduanero para gestionar la entrada o salida física de las mismas en un determinado territorio (país, área económico-fiscal, etc.).

La pérdida o no disposición de este documento puede complicar cualquier operativa de exportación y de importación si es requerido por la aduana, aunque si se dispone de fotocopia o del número del DUA, es posible solicitar una copia del mismo a través del representante aduanero o del OEA.

Información de interés para la empresa exportadora

El DUA de exportación se emplea en la declaración ante los servicios de aduanas según se trate de:

- **Mercancía no comunitaria:**
  - Para su despacho a libre práctica o a consumo.
  - Para su inclusión bajo cualquier otro régimen aduanero, incluido el transito comunitario.
  - Para su reexportación fuera del territorio aduanero de la UE.

- **Mercancía comunitaria:**
  - Para su exportación.
  - En los intercambios entre zonas del territorio aduanero de la UE cuando en una de ellas sean aplicables las disposiciones de la Directiva 77/388/CEE (relativa al sistema común del IVA, en cuanto a aquellas partes del territorio aduanero de la UE donde no es aplicable este

impuesto) y esté excluida del ámbito de aplicación de la misma.

- En los intercambios entre las partes del territorio de la UE donde no sean de aplicación las disposiciones de la Directiva 77/388/CEE.
- Para amparar la circulación entre las partes del territorio aduanero comunitario de mercancías previamente despachadas de exportación en un Estado miembro distinto del Estado miembro de salida efectiva.
- En los supuestos de inclusión en un régimen fiscal de depósito distinto del aduanero.

La diferencia del DUA de exportación respecto al ejemplar 8 (que afecta a la empresa importadora) consiste en que normalmente en el DUA de exportación no se indica ningún importe como deuda aduanera (derechos arancelarios e impuestos), pues la mayoría de las exportaciones están exentas de derechos e impuestos al estar bonificados por la propia UE con la finalidad de fomentar la exportación. En el caso de tratarse de mercancías implicadas en restituciones y bonificaciones específicas, la declaración puede contener casillas correspondientes a importes que se han de declarar para poder realizar la exportación.

Todas las exportaciones deben disponer de su propio DUA, que puede ser requerido para aclaraciones y demostración de la mercancía por la aduana durante los tres años siguientes a su emisión.

A través de la web de la agencia tributaria (www.aeat.es), es posible verificar la existencia de un DUA, pues con el acceso de firma digitalizada, todas las declaraciones realizadas quedan registradas, son accesibles mediante la correspondiente identificación digital y es posible visualizar el estado de los DUA (liquidaciones, importes, destino, etc.). Debido a los complementos y la estructura de la propia web de la AEAT, los caminos de acceso a la información pueden variar en el tiempo, por lo que es recomendable hacer una búsqueda eficiente de la información.

Es conveniente tener en cuenta que pueden existir las siguientes variantes del DUA de exportación:

- **Documento unificado de exportación (DUE)**
  Es el documento que justifica la entrada de mercancías comunitarias en un depósito aduanero o depósito franco para las operaciones asimiladas a la exportación.

- **Documento de acompañamiento a la exportación (DAE)**
  Salidas indirectas, cuando la aduana de exportación no es la misma que la de salida. Documento T2L o T2LF que acredite el movimiento, expediciones, exportaciones o reexportaciones de las mercancías según R. (CE) 2541/1993.

Todas las importaciones deben disponer de su propio DUA, que puede ser requerido para aclaraciones y demostración de la mercancía por la aduana durante los tres años siguientes a su emisión.

Cálculo del arancel

Es el propio representante aduanero o el OEA que emitió el DUA quien hace el cálculo correspondiente a la liquidación de la mercancía, según determine la reglamentación aduanera, de acuerdo con los datos que la propia documentación aporta y compensando los importes que faltan o exceden al cálculo indicado por la aduana. En la importación, todos los países actúan con un valor aduanero unificado, basado habitualmente en las reglas Incoterms CIF y FOB; de manera que el representante aduanero ajusta los cálculos al cumplimento de dichos términos de venta, añadiendo si es preciso los costos de transporte y seguro de las mercancías si se hubiera comprado por debajo de la base indicada como valor de aduana.

Para el cálculo de los aranceles, el declarante utiliza el valor de aduana y aplica el que corresponde según la identificación de la mercancía. Esta información se obtiene de la clasificación arancelaria Taric, que junto con el origen de la mercancía aporta el detalle de las tasas arancelarias que hay que aplicar. A partir de esta cifra se realiza el cálculo de los impuestos correspondientes al bien o los bienes identificados en la declaración. La suma de los aranceles y los impuestos recibe el nombre de «deuda aduanera», la cual pasa a formar parte de la liquidación que el importador, directa o indirectamente, debe liquidar a su hacienda.

Para la correcta verificación del valor en aduana de la mercancía, se emite un documento denominado «declaración de valor (DV-1)», que ha de acompañar nece-

arancel

El arancel es una tasa que se aplica en la entrada o salida de bienes de un país. Grava las mercancías importadas por este país y constituye el instrumento regulatorio de los precios entre países con la idea de preservar los bienes nacionales.

Los aranceles pueden ser:

- *Ad valorem:* un porcentaje sobre el valor en aduana de la mercancía.
- Específicos: una cantidad por unidad (superficie, longitud, peso, etc.).
- Mixtos: Un tipo *ad valorem* y otro específico.
- Compuestos: se basa en un derecho *ad valorem* con un mínimo o máximo establecido por uno específico.

sariamente al DUA de importación. Hay que tener en cuenta que este documento es una declaración fiscal, por lo que es necesario que esté firmada por la empresa importadora (o su representante) y que los datos que se aportan sean precisos y veraces, ya que se emplearán para determinar el valor en aduana, así como que pueda justificarlos, pues es el declarante (y nunca el representante que pueda firmar el DV-1) quien se hace responsable legalmente del documento. Una declaración incorrecta puede comportar una sanción tributaria.

No se exigirá el DV-1 en las siguientes situaciones:

- Cuando las mercancías no se puedan valorar de acuerdo con las disposiciones relativas al valor de transacción.
- Cuando el valor de aduana de las mercancías que se importen no supere los 10.000 € por envío. Quedan fuera de estas consideraciones los envíos múltiples o fraccionados de un mismo expedidor al mismo destinatario.
- Cuando las importaciones no tengan carácter comercial.
- Cuando la naturaleza del régimen aduanero que se aplique a las mercancías no lo requiera explícitamente.

Cuando se completa la liquidación de importación se emite el modelo 031, documento expedido por el

Departamento de Aduanas e Impuestos Especiales que da conformidad a la liquidación de los derechos e impuestos generados en la importación de mercancías.

Una vez liquidado, en un plazo máximo de treinta días hábiles, el modelo 031 debe quedar en poder del importador como comprobante del pago de la deuda aduanera y como documento contable del arancel e impuestos.

7 Levante de la mercancía

Este documento es el ejemplar número 9 del documento único administrativo (DUA). El nombre de «levante» que recibe representa de manera literal la actividad que realizan los profesionales de las empresas transportistas cuando, una vez se ha completado el despacho de aduanas, proceden a «levantar», tomar o dar salida a las mercancías de los recintos aduaneros, con el fin de iniciar el viaje de salida desde la aduana de origen o de proceder a su transporte hacia el destino final.

El levante confirma la finalización del trámite aduanero al que corresponde y nunca se podrá obtener si este no ha finalizado.

Normalmente se expide de manera telemática, siempre que el canal aduanero sea verde.

Figura 7.1. Modelo de levante exportación de la mercancía.

Figura 7.2. Modelo de levante importación de la mercancía.

8 Conocimiento de embarque marítimo (B/L) o carta de porte marítimo

Este documento instrumenta la contratación del transporte marítimo de mercancías. Lo emite la empresa consignataria, como agente representante de la naviera en el puerto de embarque, o bien un agente autorizado de carga. Su finalidad es formalizar el contrato de transporte y determinar el ámbito de aplicación y la responsabilidad por la operación que se va a realizar, así como identificar a las partes que intervienen y las mercancías objeto de transporte. La emisión estándar del conocimiento de embarque trasmite la propiedad de las mercancías a la persona física o jurídica que posee el juego completo de sus tres únicos originales.

Se puede emitir, si así lo requiere quien lo solicita, como «no negociable». Según su aplicación, existen diferentes modelos de conocimiento de embarque *(bill of lading)*, emitidos mediante esta opción, también conocidos como BL *express*, BL *telex realease* y *sea way bill* (SWB), que confirman únicamente la existencia de un transporte marítimo y su contratación, sin más vínculos que los contractuales y logísticos, ya que no transmiten en ningún caso la propiedad.

Para hacer entrega de la mercancía en destino, la naviera precisa que se le entregue como mínimo uno de dichos originales, no una copia. Si se entrega el juego del conocimiento de embarque separado en destino (no se entregan todos los originales, sino dos o uno sueltos), este debe de encontrarse endosado, es decir, sellado y firmado por la persona autorizada, la cual ha de aparecer identificada en el reverso. Esta acción ha de ser realizada por quien consta como consignatario de la mercancía en el documento. Si el conocimiento de embarque está endosado se entiende que está «liberado», y se puede

consignataria

Persona física o jurídica intermediaria que, en nombre y por cuenta del armador o naviera, propietaria del buque, actúa como depositaria de las mercancías mientras estas se hallan en la terminal portuaria, asumiendo su recepción y entrega, y el cobro de los fletes. Asimismo, presta servicios al buque y a su tripulación (autorizaciones y gestión de entrada y salida del puerto, aprovisionamiento, operaciones de carga y descarga, despachos documentales, gestión de tripulaciones, negociación, gestión y liquidación de fletes, etc.), y realiza las gestiones relacionadas con la presencia del mismo en el puerto. Es habitual que realice la gestión comercial de la línea o las líneas que representa.

GLOBAL **BILL OF LADING** FOR COMBINED TRANSPORT SHIPMENT OR PORT TO PORT SHIPMENT

Shipper		B/L No.:

DOLPHIN

ORIGINAL

Consignee Order	

Notify Party/Address	It is agreed that no responsibility shall attach to the Carrier or his Agents for failure to notify

RECEIVED in apparent external good order and condition except as otherwise noted the total number of containers or other packages or units enumerated below for transportation from the place of receipt to the place of delivery subject to the terms detailed on the reverse side of this Bill of Lading. One of the signed bills of lading must be surrendered duly endorsed in exchange for the goods or delivery order. On presentation of this document (duly endorsed) to the Carrier by or on behalf of the holder the rights and liabilities arising in accordance with the terms hereof shall (without prejudice to any rule on common law or statute rendering them binging on the Merchant) become binding in all respects between the Carrier and the holder as though the contract evidenced hereby had been made between them. IN WITNESS whereof the stated number of original bills of lading all of this tenor and date have been signed, one of which being accomplished, the others to be void.

Vessel and Voy. No	Place of Receipt (Applicable only when this document is used as a combined Transport Bill of Lading)

Port of Loading	Port of Discharge	Place of Delivery (Applicable only when this document is used as a combined Transport Bill of Lading)

Freight payable at	Number of Original Bills of Lading	Declared/Ad valorem value: See clause 8 on the reverse side of this bill

Marks and Nos: Container Nos: Seal Nos	Number and kind of Packages: Description of Goods	Gross Weight (Kg.)	Measurement (cbm)

Freight and charges	Prepaid	Collect	For delivery of goods please apply to
			Place and Date of Issue. Shipped on board

*Figura 8. Ejemplo de conocimiento de embarque marítimo (B/L)
o carta de porte marítimo.*

tramitar la entrega de la mercancía sin la necesidad de entregar los tres originales, ya que con uno o dos de los emitidos endosados esta queda libre.

El documento se acompaña, por defecto, de dos copias, pero se pueden solicitar tantas como se precisen. Téngase en cuenta que no son operativas ni negociables y que únicamente sirven para fines administrativos, de archivo o informativos, no siendo posible canalizar actividad alguna con ellas.

Inicialmente, el conocimiento de embarque siempre se emite como un borrador *(draft)*. Esta emisión tiene lugar entre las 24 o 48 horas posteriores a haber sido efectivamente cargada la mercancía en el buque e iniciado su trayecto. El agente emisor transmite el borrador al expedidor *(shipper)*, quien debe verificar si está bien confeccionado en todos sus apartados. Siempre se hará entrega del conocimiento de embarque a quien entregue la mercancía a la compañía naviera, ya que es la única persona a quien se reconoce la propiedad de la misma a través del documento, para que pueda negociar con este a su entera discreción, o se lo transmita a quien actúe como destinatario de la mercancía expedida *(consignee)* y pretenda acceder a la misma. Es un documento empleado con frecuencia en transacciones bancarias relacionadas con la compraventa de mercancías.

Una vez finalizado el transporte, el destinatario habrá abonado el importe por la mercancía recibida o, en su defecto, dispondrá del documento que le otorga la propiedad de la mercancía y que le permite reclamarla a la empresa transportista.

El conocimiento de embarque aporta información precisa sobre la operación de transporte: fechas, descripción de la mercancía, origen y destino, y los datos necesarios de los diferentes agentes que intervienen en la operación. Dado que puede afectar a las tramitaciones con entidades financieras, es importante revisarlo y

transitaria

Empresa operadora de transporte especializada en la organización y gestión, por encargo del usuaria (cargadora), de la cadena de transporte internacional de mercancías (o de parte de ella) en cualquiera de sus modos (aéreo, carretera, ferrocarril y marítimo).

Para su labor, subcontrata o realiza con medios y recursos propios todas las operaciones que ello conlleva: transporte físico de las mercancías, operaciones aduaneras, embalajes, consolidación y desconsolidación de cargas, almacenajes, seguros, trámites bancarios y documentarios, etc.

La actividad de la empresa transitaria, que comercializa y coordina todo tipo de transporte, se centra especialmente en el transporte en régimen de grupaje, además de ofrecer una amplia gama de servicios logísticos.

asegurarse de que la primera emisión siempre sea como borrador, puesto que es muy común tener que modificar la información para adaptarla a las exigencias de dichas entidades. Si se tuviera que hacer algún cambio una vez editado, cada modificación supondría un costo, la nueva emisión podría demorarse y algunos cambios ya no se podrían realizar.

Este documento se puede emitir en las siguientes modalidades:

- **Nominativo:** a nombre de la empresa destinataria o importadora a la que se transmite la propiedad.
- **A la orden:** muy común cuando el intermediario es un banco que no pretende hacerse con la propiedad de la mercancía, sino implicarse en la operativa y realizar un endoso al propietario final.
- **Al portador:** modalidad inusual debido al riesgo que representa que cualquiera que obtuviera uno de los originales pudiera acceder a recoger la mercancía en destino. Esto lo haría inefectivo en las operaciones en las que habitualmente se utiliza el conocimiento de embarque.

Se debe destacar la gran importancia de este documento en la transmisión de la propiedad de las mercancías que en él se detallan. Si se pierden los originales de manera parcial se pueden sustituir con los restantes, pero su pérdida total comporta graves problemas ya que no se puede reeditar y únicamente pueden existir tres originales. Si en algún momento fuera preciso realizar algún cambio en él, es imprescindible presentar estos originales para confeccionar unos nuevos, situación imposible ante la pérdida total o parcial de los mismos.

Ante esta eventualidad, es decir, no disponer de originales del conocimiento de embarque, la compañía naviera puede acceder a la entrega de las mercancías a cambio de recibir sendas cartas de exoneración *(letter of indemnity* o LOI) de responsabilidad emitidas por las partes exportadora y compradora, además de solicitar avales suficientes para cubrir la garantía de que no se trata de una operación fraudulenta o que se hayan vendido los originales a terceras personas.

9 El contrato de transporte internacional de mercancías por carretera (CMR)

Este contrato ampara el envío y la recepción de mercancías cuyo transporte internacional se realice por carretera, siempre y cuando este envío, con sus particularidades, esté identificado dentro del instrumento regulador del Convenio CMR (acrónimo de Convention relative au contrat de transport international de marchandises par route). Este convenio establece las

contrato de transporte

Mediante el contrato de transporte una persona física o jurídica conocida como porteadora se compromete a transportar una cosa, a la vez que otra, denominada cargadora, se compromete a pagar un precio (flete) por dicho servicio de transporte. Al existir obligaciones para ambas partes, este tipo de contrato se conoce como bilateral o sinalagmático.

El contrato de transporte establece, entre otras cláusulas, que la mercancía objeto del mismo debe llegar a su destino en el plazo acordado, al precio estipulado y sin daño ni menoscabo en su naturaleza.

responsabilidades sobre el propio transporte y sobre la mercancía que sea el objeto del mismo.

La formalización del contrato de transporte internacional de mercancías por carretera se realiza mediante la carta de porte internacional o CMR, que debería ser emitida por la empresa transportista que haya sido contratada, aunque es habitual que la confeccione la empresa exportadora.

Para su elaboración debe cumplimentarse cada casilla de la carta de porte con la información requerida. Para llevar a cabo correctamente este proceso y considerar adecuadamente todos los aspectos necesarios, es conveniente hacer una lectura completa del Convenio CMR.[1] Este suele ser de fácil acceso, es breve y la mayoría de empresas transportistas lo ofrecen en sus webs corporativas. Su lectura permitirá conocer aspectos de interés para la propia contratación o subcontratación y despejar dudas que puedan llegar a producirse.

Uno de los problemas más comunes con este documento está relacionado con la edición en cuatro ejemplares, que debe incluir tres firmas: la de la empresa exportadora, la de la transportista y la de la destinataria o receptora, esta última cuando la mercancía llega

---

[1] Véase también El Convenio CMR, de Francisco Sánchez Gamborino, y Alfonso Cabrera Cánovas, colección Biblioteca de logística, ed. Marge Books, 2012, Barcelona.

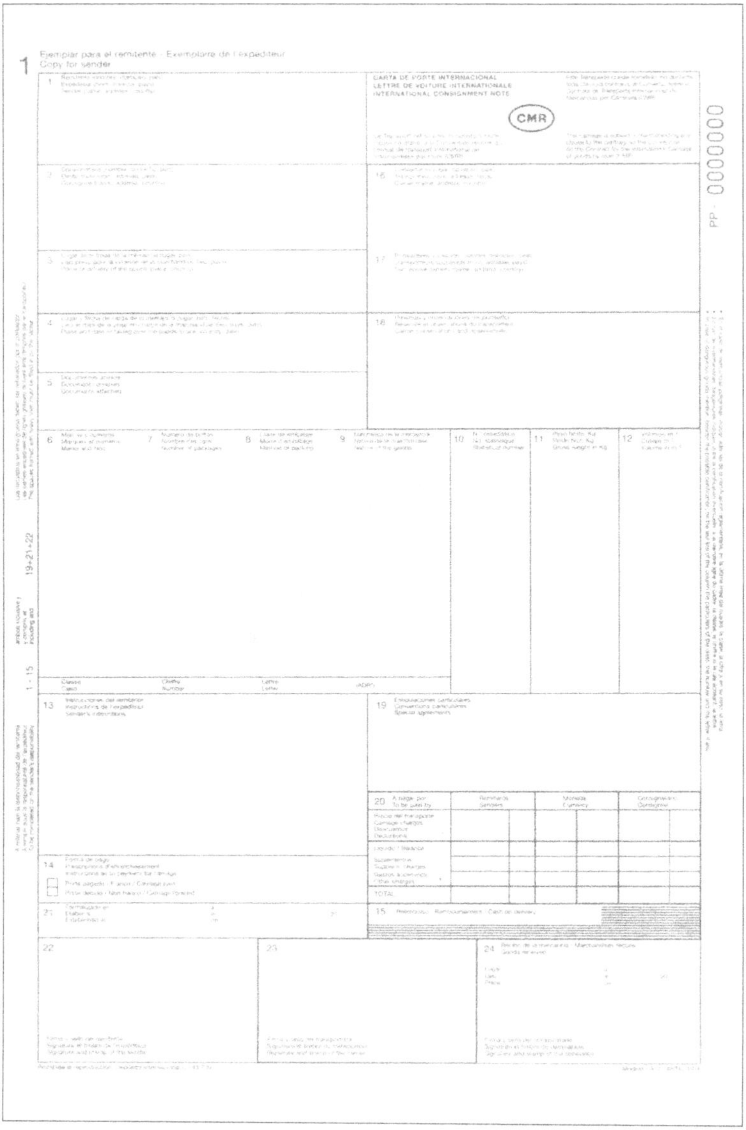

*Figura 9. Modelo de contrato de transporte internacional
de mercancías por carretera (CMR).*

a su destino. El motivo de que se emitan cuatro ejemplares es que el primero se utiliza como original, que quedará en poder de la expedidora, constando su propia firma y la de la empresa transportista como recibo de la mercancía. Este original demostrará los posibles cambios que se produzcan en caso de que se hubieran añadido reservas o indicaciones en el proceso de transporte en los otros ejemplares, lo que indicaría que ha tenido lugar alguna incidencia durante el viaje o en la entrega en destino.

Los tres ejemplares restantes viajan con la mercancía hasta su destino, donde el receptor deberá firmarlas como prueba de la recepción de la misma. Uno de dichos ejemplares quedará en su poder, otro es para la empresa transportista, como confirmación de la entrega, y el tercero debería retornar a la expedidora en origen, pues contiene la firma de la destinataria. Este aspecto es crucial para la expedidora ya que, por un lado, debe tener una prueba fehaciente de la entrega

modo de transporte

Modalidad o tipo de transporte. Para el transporte de mercancías existen cinco modos distintos: transporte aéreo, ferroviario, marítimo o fluvial, por carretera y por tubería.

de la mercancía para dar fiabilidad al proceso comercial. Pero por otro lado, ha de conocer que es obligado disponer de esta prueba, ya que al tratarse de una compraventa internacional debe poder demostrar que la mercancía ha salido físicamente de su área económico-fiscal y que ha llegado al destino indicado, regido por una fiscalidad distinta, conjuntamente con el DUA de exportación para terceros países o el cumplimiento del Sistema de Intercambio de Información sobre el IVA o VIES *(VAT Information Exchange System)* de las partes vendedora y compradora, que dan fe de que la entrega o la exoneración se han producido.

Obtener este comprobante de entrega es una de las dificultades con las que se puede encontrar la empresa exportadora, pues no siempre la transportista se lo remite con la diligencia suficiente. Téngase en cuenta que no solo es un documento importante como justi-

medio de transporte

Tipo de vehículo utilizado para el transporte. Cada modo de transporte dispone de una tipología específica: transporte aéreo, avión, helicóptero, etc.; transporte ferroviario, ferrocarril; transporte marítimo i fluvial, buque, barcaza, etc.; transporte por carretera, camión, furgoneta, etc.; transporte por tubería, tuberías.

ficante del cumplimiento de su fiscalidad y de la entrega de la mercancía de manera correcta al cliente en destino, sino que le resultará del todo imprescindible en caso de que surjan incidencias o controversias de índole económica.

La carta de porte CMR dispone de una cantidad de casillas que puede tener diferencias respecto al modelo estándar publicado por las asociaciones de empresas transportistas. Asimismo, puede variar en su formato según la empresa transportista organice su estructura o sus necesidades informativas, aunque lo más habitual

PAÍSES QUE FORMAN PARTE DEL CONVENIO CMR		
Albania	Georgia	Montenegro
Alemania	Grecia	Noruega
Armenia	Holanda	Polonia
Austria	Hungría	Portugal
Azerbaiyán	Irán	Reino Unido
Bélgica	Irlanda	República Árabe Siria
Bielorrusia	Italia	República Checa
Bosnia Herzegovina	Kazajistán	Rumania
Bulgaria	Kirguistán	Rusia
Chipre	Letonia	Serbia
Croacia	Líbano	Suecia
Dinamarca	Lituania	Suiza
Eslovaquia	Luxemburgo	Tayikistán
Eslovenia	Macedonia	Túnez
España	Malta	Turkmenistán
Estonia	Marruecos	Turquía
Finlandia	Moldavia	Ucrania
Francia	Mongolia	Uzbekistán

Tabla 2. Países firmantes del Convenio CMR.

es que contengan informaciones similares basadas en el modelo estándar.

Este documento no debe utilizarse para el transporte de mercancías dentro de un mismo país. Únicamente es válido para realizar movimientos por carreta entre diferentes países, siempre que sus respectivos estados sean firmantes del Convenio CMR. Comúnmente se emplea en movimientos intercontinentales en Europa, países limítrofes y el norte de África (véase la tabla 2).

10 Carta de porte aéreo (AWB)

Este documento es emitido en el transporte aéreo de mercancías por el agente de carga aérea, que ha de ser miembro de la Asociación Internacional del Transporte Aéreo (IATA). Su finalidad es formalizar el contrato de transporte y determinar el ámbito de aplicación y la responsabilidad por la operación que se va a realizar, así como identificar a las partes que intervienen y las mercancías objeto de transporte.

agente de carga aérea

Cuando una empresa transitaria ejerce su actividad en el ámbito del transporte aéreo se conoce como «agente de carga aérea». Comercializa las bodegas de las líneas aéreas, constituyendo el sistema de distribución de la carga aérea, y coordina la demanda de transporte aéreo con la oferta de las compañías.

Para emitir contratos de transporte aéreo internacional y efectuar el cobro de los fletes, es imprescindible que el agente de carga aérea esté registrado y reconocido por la Asociación Internacional de Transporte Aéreo (IATA).

En este documento, el expedidor es el responsable de la veracidad de los datos expresados sobre la mercancía. Cualquier imprecisión puede ser el origen de problemas de los cuales la compañía aérea no se hará responsable. Por ello, es fundamental la exactitud, ya que de lo contrario se podrían originar daños sobre la mercancía o a terceros. Los perjuicios de este error recaerían directamente sobre el contratante. Por lo tanto, si se ha de exponer cualquier tipo de reserva sobre las mercancías, estas deben de indicarse antes de su salida para que en el transporte se las conside-

Asociación de Transporte Aéreo Internacional (IATA)

La Asociación de Transporte Aéreo Internacional o IATA (International Air Transport Association) es la organización que aglutina a las compañías de líneas aéreas regulares, empresas que transportan la gran masa de tráfico nacional e internacional. Se constituyó en La Haya (Países Bajos) en 1919, fundada por 53 miembros de 32 naciones de Europa y Norteamérica. Es una organización que hace posible la cooperación entre aerolíneas, promoviendo la seguridad, fiabilidad, confianza y economía en el transporte aéreo en beneficio económico de sus asociados. La IATA también facilita la negociación de acuerdos internacionales sobre tarifas y fletes, y otros aspectos del transporte aéreo.

BCN | 000000 AWB 000 - 0000 0000 HAWB 000000

| Shipper Name and Address | Shipper's Account Number | Not Negotiable **Air Waybill** Issued By |

Copies 1, 2 and 3 of this Air Waybill are originals and have the same validity.

| Consignee Name and Address | Consignee's Account Number | It is agreed that the goods described herein are accepted in apparent good order and condition (except as noted) for carriage SUBJECT TO THE CONDITIONS OF CONTRACT ON THE REVERSE HEREOF. ALL GOODS MAY BE CARRIED BY ANY OTHER MEANS INCLUDING ROAD OR ANY OTHER CARRIER UNLESS SPECIFIC CONTRARY INSTRUCTIONS ARE GIVEN HEREON BY THE SHIPPER, AND SHIPPER AGREES THAT THE SHIPMENT MAY BE CARRIED VIA INTERMEDIATE STOPPING PLACES WHICH THE CARRIER DEEMS APPROPRIATE THE SHIPPER'S ATTENTION IS DRAWN TO THE NOTICE CONCERNING CARRIER'S LIMITATION OF LIABILITY Shipper may increase such limitation of liability by declaring a higher value for carriage and paying a supplemental charge if required |

Issuing Carrier's Agent Name and City — Accounting Information

Agent's AITA Code — Account No

Airport of Departure (Addr of First Carrier) and Requested Routing — Reference Number — Optional Shipping Information

| To | By First Carrier | to | by | to | by | Currency | CHGS Code | WT/VAL PPD COLL | Other PPD COLL | Declared Value for Carriage | Declared Value for Customs |

Airport of Destination — Flight Date — For Carrier Use Only — Flight Date — Amount of Insurance — INSURANCE - If carrier offers insurance, and such insurance is requested in accordance with the conditions thereof, indicate amount to be insured in figures in box marked "Amount of Insurance"

Handling Information

SCI

| No. of Pieces RCP | Gross Weight | kg lb | Rate Class Commodity Item No. | Chargeable Weight | Rate / Charge | Total | Nature and Quantity of Goods (Inc. Dimensions or Volume) |

| Prepaid | Weight Charge | Collect | Other Charges |

Valuation Charge

Tax

Total Other Charges Due Agent — Shipper certifies that the particulars on the face hereof are correct and that insofar as any part of the consignment contains dangerous goods, such part is property described by name and is in proper condition for carriage by air according to the applicable Dangerous Goods Regulations.

Total Other Charges Due Carrier

Signature of Shipper or his Agent

| Total Prepaid | Total Collect |

| Currency Conversion Rates | CC Charges in Dest. Currency |

Executed on (date) — at (place) — Signature of Issuing Carrier or its Agent

| For Carriers Use only at Destination | Charges at Destination | Total Collect Charges |

HAWB 000000

No.9 - COPY for AGENT

Figura 10. Modelo de carta de porte aéreo (AWB).

re como excepcionales y se las trate con las garantías necesarias —como salvaguarda de la propia mercancía, de la acción de transporte y de terceros que puedan manipularla—. Es por este motivo que la carta de porte aéreo *(air waybill)* puede indicar, por ejemplo, que una mercancía «debe viajar a temperatura constante» o «en bodega presurizada». Estas necesidades específicas se contemplan como pre-reservas anotadas en la edición de la carta de porte, que hace las veces de documento de transporte y de identificador de la mercancía para los operadores de manipulaciones aeroportuarias *(handling)*.

Es necesario indicar que este documento no siempre es accesible para estos operadores, por lo que se hace imprescindible completar cualquier declaración que contenga con etiquetas adheridas o sujetas a los bultos que se transportan, hasta el punto de que si no están

agente *handling*

El transporte aéreo de carga requiere la intervención del agente *handling*, que recibe la carga en el aeropuerto y la prepara para su posterior embarque y vuelo. Se distingue entre agente *handling* de terminal y de rampa; el primero se encarga de la recepción y preparación de la mercancía y el segundo, del transporte al avión y del embarque.

identificadas sus particularidades en el propio bulto y en el documento, la compañía aérea no se hará responsable de lo que le pueda acontecer, siendo de nuevo el expedidor el que habrá incumplido los requisitos del transporte.

Este documento no es negociable y se emite siempre nominativo al destinatario, identificado como responsable subsidiario del expedidor. Toda la información que contempla es la aportada por el expedidor y su uso está vinculado únicamente a las necesidades logísticas y contractuales del transporte.

11 Carta de porte de transporte ferroviario (CIM)

Es el documento correspondiente a la contratación de un transporte ferroviario de mercancías. Lo emite la compañía ferroviaria o el agente de transporte y está regulado por el Convenio sobre el Transporte Internacional por Ferrocarril (COTIF). La carta de porte CIM confirma la existencia de un contrato de transporte de mercancías, determina el ámbito de aplicación y la responsabilidad por la operación que se va a realizar, e identifica a las partes que intervienen y las mercancías objeto de transporte.

Desde el punto de vista de la operativa comercial, este documento no es negociable. Siempre se emite de manera nominativa y su única finalidad es amparar el proceso logístico y contractual del transporte. Refleja únicamente la información que la empresa expedidora haya aportado.

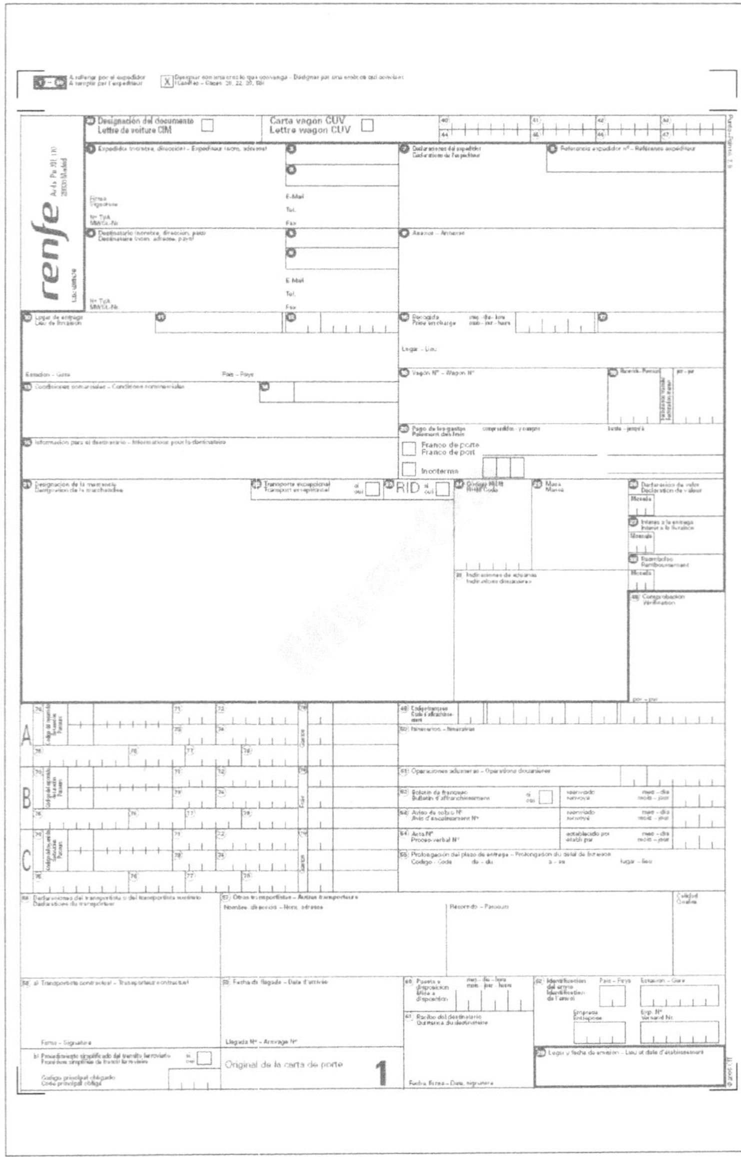

Figura 11. Modelo de carta de porte de transporte ferroviario (CIM).

12 Certificado de seguro

Aunque el seguro internacional es potestativo y no obligatorio, siempre es recomendable que exista la cobertura de una póliza de seguro sobre las mercancías que son objeto de una operación de compraventa internacional.

El certificado de seguro identifica la existencia de una póliza de seguro que cubre las contingencias y es salvaguarda de la mercancía respecto a terceros y otros riesgos que puedan surgir en las operaciones logísticas de manipulación y transporte.

contrato de seguro de transporte de mercancías

Contrato por el que una empresa (aseguradora) se obliga, a cambio de una prima, a indemnizar a otra (asegurada) en caso de que se dé uno de los riesgos previstos en dicho contrato, causándose daños, pérdidas o retrasos de la mercancía transportada y por una suma también determinada en el mismo. Para la empresa propietaria de la mercancía este es un seguro de daños, mientras que para la porteadora o transportista es un seguro de responsabilidad civil.

Es conveniente que tanto la parte proveedora como la cliente dispongan de un seguro propio, con las coberturas y garantías adecuadas a sus obligaciones o necesidades específicas. En caso de incidente o accidente, una parte o la otra se haría responsable del riesgo que le corresponda de acuerdo con la regla Incoterms que hayan pactado en el documento de compraventa.

En la mayoría de las operaciones en las que una de las partes, exportadora o importadora (en este caso, puede que a requerimiento de la aduana del país de destino), necesita una garantía de que la otra cubre adecuadamente sus riesgos, la parte interesada puede solicitar a la otra un certificado de que dichos riesgos están cubiertos. Así, ambas figuras pueden gestionar, a través de sus respectivas compañías aseguradoras, la emisión de una certificación que garantice la existencia de una cobertura sobre el riesgo que se pretende salvaguardar.

En situaciones en que la empresa importadora no disponga de un seguro, puede solicitar a la exportadora que interponga el suyo en la operación como cobertura, de acuerdo con el uso de una regla Incoterms adecuada, o bien que contrate uno específico para la operación que se desea asegurar. En este caso, la empresa exportadora puede utilizar su propia póliza mediante un certificado expedido por su compañía aseguradora, o bien contratar a esta un nuevo seguro o hacerlo a la propia empresa transportista. Esta última opción es la más frecuente, de

CERTIFICADO DE SEGURO N.º   **PÓLIZA N.º**
CERTIFICATE   *POLICY*
CERTIFICAT D'ASSURANCE   *POLICE*

CERTIFICAMOS que esta Compañía ha asegurado las mercancías que se indican a continuación durante el viaje y por el valor establecido por cuenta de: (EL CLIENTE)

Medio de transporte:

Desde   hasta:

Vía

Fecha de salida
Valor asegurado   Numérico / *Figures / En chiffres*

Interés asegurado

Mercancía:
Bultos:
Kilos:
Contenedor/es:

Condiciones del seguro / *Conditions of insurance /* *Conditions d'assurance*
Además de los riesgos descritos en las condiciones generales impresas en la póliza, la mercancía anteriormente descrita queda garantizada de conformidad con lo dispuesto en las siguientes cláusulas:

En caso de pérdida o daños por los que la compañía pueda resultar responsable, se cursará aviso inmediato de tal pérdida o daño a: / *In the event of loss o damage for wich the Company may be liable immediate notice of such loss or damage mus t be given to: / En cas de pertre on dégâts pour lesquels la Compagnie pulsse être responsible, avertir inmédiatement d'une telle pertre on dégât a:* Comisariado Español Marítimo, o en su defecto, al representante de ______________ en destino:

El asegurado: La compañía:

Fecha:

Figura 12. Modelo de certificado de seguro de transporte de mercancías.

manera que es la operadora de transporte quien emite y traslada temporalmente la cobertura de su propia póliza por el importe indicado de la operación, y quien puede realizar un certificado de póliza a la empresa exportadora, siguiendo sus instrucciones y definiendo como beneficiaria a la importadora destinataria de la mercancía. Esta fórmula está vinculada al uso de las reglas Incoterms CIF y CIP, en las que la exportadora debe de aportar a la importadora la cobertura del riesgo del transporte a través de un seguro a beneficio de esta, que es la responsable de la mercancía asegurada.

En el comercio internacional de mercancías, el importe del seguro se calcula siguiendo unos estándares que suponen el 110 % del valor CIF de la mercancía especificado en la factura. Esta aparente sobrevalora-

CIF, costo, seguro y flete

La regla Incoterms CIF (*cost, insurance and freight*) se utiliza exclusivamente cuando las mercancías viajan en transporte marítimo o fluvial. En ella el vendedor asume todos los costes, incluido el transporte principal y el seguro, hasta el punto convenido en el país de destino.

La regla CIF contiene la obligación, por parte de la empresa vendedora, de contratar y asumir la prima de un seguro que cubra los riesgos de la mercancía soportados por la empresa compradora respecto del transporte.

ción del importe de la factura no es real, ya que el seguro cubre únicamente el precio de facturación y en el caso de un siniestro no se obtendrían beneficios extra. La póliza debe realizarse al 110 % del valor CIF de la factura para obtener la cobertura real (99 %); de otro modo podrían no cubrirse os importes de la misma si se diera un siniestro total. En caso de siniestros parciales, esta cobertura garantiza el 100 %.

Este porcentaje no es preceptivo, el seguro se puede contratar por porcentajes inferiores a conveniencia

CIP, porte y seguro pagado hasta (lugar de destino convenido)

En la regla Incoterms CIP *(carriage insurance paid to)* el vendedor debe asumir todos los costes hasta dejar la mercancía en el punto convenido del país de destino, aunque la entrega se produce cuando la mercancía se embarca en el país de origen, y los riesgos de pérdida o avería de la misma los asume el comprador.

Por este motivo, esta regla incluye la obligación, por parte de la empresa vendedora, de contratar y asumir la prima de un seguro que cubra los riesgos de la mercancía soportados por la empresa compradora desde el momento en que se entrega a la transportista hasta el lugar de destino donde la vendedora ha contratado el transporte (un puerto, una terminal ferroviaria, etc.).

de la empresa importadora (o de quien realice la compra), siempre que esta lo comunique por escrito con claridad. Asimismo, también pueden ampliarse los porcentajes, debido a gastos adicionales u otros, siempre que se comunique a la compañía aseguradora y esta acepte por escrito la ampliación de este porcentaje. La póliza de seguro debe ofrecer la cobertura mínima establecida en las cláusulas ICC (Institute Cargo Clauses)

Institute Cargo Clauses (ICC)

Las clausulas ICC (Institute Cargo Clauses) hacen referencia a las coberturas estándar de las pólizas de seguro de transporte internacional e identifican qué tipo de seguro se ha contratado o solicitado para el transporte. Su clasificación permite identificar fácilmente los riegos que cubre cada cláusula:

- ICC (A), su cobertura equivale a lo que anteriormente se denominaba a todo riesgo. Es la más utilizada en el comercio internacional de mercancías.
- ICC (B), coberturas básicas ampliadas. Su uso es menos común.
- ICC (C), cubre formulas básicas y con ella se cumplen los mínimos necesarios si el comprador solicita la existencia de un seguro, sin requerir ninguna cláusula específica.
- ICC (Air), contiene coberturas específicas para el transporte aéreo.

del Instituto de Aseguradores de Londres o similares, y el importe asegurado debe fijarse en la misma moneda en que se haya pactado en valor de la mercancía en el contrato de compraventa.

No existe un modelo estándar del documento, pero debe contener fundamentalmente la información de la cobertura, el valor de la misma quién será el beneficiario en caso de su aplicación y dónde se debe de presentar en caso de siniestro. Habitualmente, este lugar suele establecerse en el domicilio del corresponsal de la compañía de seguros en el país de destino de la mercancía, que coincide con el país de la importadora o del beneficiario. Es necesario verificar que las certificaciones emitidas estén selladas y firmadas por la compañía o por sus representantes.

13 Censo VIES

Todas las personas jurídicas o entidades empresariales que realizan operaciones intracomunitarias deben estar identificadas con el número NIF-IVA y estar dados de alta en el Sistema de Intercambio de Información sobre el IVA o VIES *(VAT Information Exchange System)*.

El censo VIES consiste en un sistema de información intracomunitario donde se registran la totalidad de los NIF-IVA de todos los estados miembros de la UE.

Las personas jurídicas o entidades que realicen operaciones intracomunitarias pueden consultar la validez del NIF-IVA de cualquier operador comunitario consultando la web de la Comisión Europea o la de la agencia tributaria del país en que residan. Se puede obtener un certificado de esta consulta emitido por la propia agencia tributaria. Además, es recomendable que este documento se imprima y se adjunte con la factura realizada o recibida, ya que en caso de producirse alguna incidencia en la tramitación de la declaración 349 (declaración recapitulativa de las compras y ventas intracomunitarias), garantizaría la exoneración impositiva por el registro de certificación de consulta, siempre que esta identifique al consultado como «existente» en el registro VIES.

Figura 13. Censo VIES.

La no existencia de la validación por parte de alguno de los participantes de una operación intracomunitaria no exime al otro de la aplicación impositiva, por lo que la operación se debería contemplar con impuestos.

El NIF-IVA comunitario se asignará a las empresas o los profesionales cuando se den las circunstancias siguientes:

- Realizar entregas de bienes o adquisiciones intracomunitarias de bienes sujetas a IVA.
- Ser destinatarias de servicios prestados por otras empresas o profesionales no establecidos en el territorio de aplicación del IVA español y respecto de los cuales sean sujetos pasivos.

- Prestar servicios que conforme a las reglas de localización del IVA se entiendan realizadas en otro Estado miembro cuando el destinatario de los mismos sea sujeto pasivo del impuesto.
- Personas jurídicas que no actúen como empresas o profesionales, cuando las adquisiciones intracomunitarias de bienes que efectúen estén sujetas al IVA.

Colección: Gestiona
Director: David Soler

Guía documental para exportar e importar. Los 12 documentos clave
1.ª edición, 2016
© 2015, Alberto García Trius
© 2015, incluido el diseño de la cubierta, ICG Marge, SL

Edita: Marge Books
Avda. Alcalde Moix, 28 - 08207 Sabadell (Barcelona)
Tel. 931 429 486 - marge@margebooks.com
www.margebooks.com

Gestión editorial: Hèctor Soler
Edición: Alba Megías Villanueva, Cristina Torres Murillo
Colaboración editorial: Jorge Baro Olivero
Compaginación: Mercedes Lara
Impresión: Servicecom (Alcalá de Henares, Madrid)

ISBN: 978-84-16171-13-2
Depósito Legal: B-5226-2016

Guía documental para exportar e importar. Los 12 documentos clave
Alberto García Trius

Crédito documentario. Guía para el éxito en su gestión
Cristina Peña Andrés, Amelia de Andrés Leal

Guía práctica de las reglas Incoterms® 2010
David Soler

Certificación Lean Six Sigma Green Belt para la excelencia en los negocios
Lean Six Sigma Institute, SC

Certificación Lean Six Sigma Yellow Belt para la excelencia en los negocios
Lean Six Sigma Institute, SC

Negociación intercultural. Estrategias y técnicas de negociación internacional
Domingo Cabeza, Pelayo Corella, Carlos Jiménez

Las reglas Incoterms® 2010. Manual para usarlas con eficacia
Alfonso Cabrera Cánovas

Regímenes aduaneros económicos y procesos logísticos en el comercio internacional
Pedro Coll

Inglés náutico normalizado para las comunicaciones marítimas
José Manuel Díaz Pérez

Shipping & Commercial Case Law
Albert Badia

Gestión medioambiental en la industria
José M.ª Suris

Gestión financiera del comercio internacional
Josep M.ª Casadejús

Personalización masiva
Blas Gómez

Manual de gestión aduanera. Normativas del comercio internacional y modelos de integración económica
Pedro Coll

Los abordajes en la mar
Carlos F. Salinas

El desorden sanitario tiene cura. Desde la seguridad del paciente hasta la sostenibilidad del sistema sanitario con la gestión por procesos
Rajaram Govindarajan

Gestión y liderazgo en una empresa de seguros
Simón Mahfoud y Digna Peña

MARGE BOOKS · Avda. Alcalde Moix, 28 – 08207 Sabadell (Barcelona) – Tel. +34-931 429 486 – marge@margebooks.es – www.margebooks.es

www.ingramcontent.com/pod-product-compliance
Lightning Source LLC
Chambersburg PA
CBHW071210130726
47998CB00002B/691